DREAM YOGA

Der Weg der Träume

Dr. Joseph Dillard

Dr. Joseph Dillard

DREAM YOGA
Der Weg der Träume

1. Auflage 2007

Deutsche Übersetzung: Claudia Hahm
Lektorat: Musia Heike Bus, Claudia Hahm

ISBN: 978-3-924404-70-3

VERLAG ANDREAS MASCHA
Homo Integralis Publications

Herstellung:
Digitaldruck Leibi.de, Neu-Ulm

Printed in Germany

INHALTSVERZEICHNIS

Geleitwort

Ich weiß nicht, ob die Welt bereit ist für die Gedanken dieses Buches, in denen Platz für alle und für das Wissen der Menschheit ist. Aber vielleicht braucht es auch gar nicht gleich die ganze Welt, sondern einfach nur Menschen, die bereit sind das hier gelieferte, in einer lebenslangen Arbeit entstandene Handwerkszeug wirklich zu benutzen. In unserem Leben leuchten unsere Träume wie Fackeln in der Dunkelheit. Sie weisen den Weg zu uns, zur Freiheit, zum Paradies, aus dem wir uns vertrieben haben.
Ich kannte und liebte einen Dichter, der sein Leben lang nach Worten gesucht hat, die von niemandem mehr missbraucht werden können.
Es wird schwer sein, die Gedanken dieses Buches zu missbrauchen. Mindestens so schwer wie die dieses Dichters. Sein Name ist Erich Fried.

Status quo

Wer will
dass die Welt
so bleibt
wie sie ist
der will nicht
dass sie bleibt *(aus: Lebensschatten, Wagenbach 1981)*

Paradise Valley heißt der Ort, an dem dieses Buch geschrieben wurde. Wunderbar. Wirklich wunderbar!

Claudia Hahm Berlin, im März 2007

Kapitel 1

Erwecken Sie Ihre Muse

Im Jahr 1816 hatte Samuel Taylor Coleridge einen bemerkenswerten „Opium Traum“ der von dem mysteriösen Vergnügungstempel von Xanadu handelte, den er sogleich niederschrieb. Er wurde der erste Abschnitt seines fesselnden Gedichts *Kubla Khan*:

In Xanadu ließ Kubla Khan
Ein stattliches Lustschloss errichten:
Wo Alph, der heilige Fluss rann
Durch Höhlen, dem Menschen unermesslich
Hinab zu einem sonnenlosen Meer.
So wurden zwei mal fünf Meilen fruchtbares Land
Mit Mauern und Türmen umgürtet:
Und es gab Gärten, die mit gewundenen Bächen glänzten
Wo manch ein wohl duftender Baum blühte;
Und hier gab es Wälder, so alt wie die Hügel
Die sonnige Flecken Grün in sich bargen.

Aber ach! Diese tiefe romantische Kluft, die schräg abfiel
Den grünen Hügel herab, quer durch ein Zederndach!
Ein wilder Ort! So heilig und verwunschen
Wie er je unter einem abnehmenden Mond ward heimgesucht.
Von einer Frau, die um ihren Dämonen-Geliebten weinte!
Und aus dieser Kluft, in unaufhörlichem Aufruhr kochend,
Als ob diese Erde in schnellem schweren Keuchen atmete,
Ward ein mächtiger Urquell jäh emporgetrieben:

Inmitten dessen raschen stoßweisen Ausbrüchen
Riesige Brocken wirbelten wie prasselnder Hagel,
Oder spreuendes Korn unter dem Dreschflegel:
Und inmitten dieser tanzenden Felsen, jetzt und immerdar
Schoss jäh empor der heilige Fluss.
Fünf Meilen, mäandernd in einem trägen Lauf
Durch Wald und Tal rann der heilige Fluss,
Erreichte dann die Höhlen, dem Menschen unermesslich,
Und sank tosend zu einem leblosen Ozean hinab:
Und inmitten dieses Tosens hörte Kubla Khan von fern
Vorväterstimmen den Krieg prophezeien!
Der Schatten des Lustschlosses
Trieb mitten auf den Wellen;
Wo das vermischte Rauschen
Des Urquells und der Höhlen zu hören war.
Es war ein Wunder von seltener Kunstfertigkeit,
Ein sonniges Luftschloss mit Höhlen aus Eis!

An dieser Stelle wurde Coleridge durch einen Mann an seiner Tür unterbrochen, der ein Geschäft mit ihm machen wollte. Als er zu seinem Gedicht zurückkehrte, konnte er seine Vision nicht wieder einfangen, sondern nur seine Erinnerung an sie beschreiben:

Ein Mädchen mit einer Harfe
Sah ich einst in einer Vision:
Es war eine äthiopische Maid
Und auf ihrer Harfe spielte sie
Und sang vom Berg Abora.
Könnte ich in mir wieder beleben
Ihren Wohlklang und Gesang,

Ein solch tiefes Entzücken würde es mir bereiten,
Dass mit lauter und langer Musik
Ich dieses Schloss in die Luft bauen würde,
Dieses sonnige Schloss! Jene Höhlen aus Eis!
Und alle, die zuhörten, sollten sie dort sehen,
Und alle sollten rufen, gebt Acht! Gebt Acht!
Seine blitzenden Augen, sein wallendes Haar!
Webt einen Kreis um ihn dreifach
Und schließt eure Augen in heiligem Schaudern,
Denn am Honig-Tau hat er sich gelabt,
Und getrunken die Milch des Paradieses.[1]

Das „Mädchen mit der Harfe“ ist Coleridges poetische Muse. Sie personifiziert den kreativen Geisteszustand, in dem er den ersten Teil seines visionären Gedichts verfasste. Durch die Unterbrechung hatte Coleridge die Verbindung verloren und musste nun sein Gedicht aus einem wachen, bewussten Geisteszustand heraus vervollständigen. Das Resultat ist fabelhaft, aber unterschiedlich zum ersten Teil, und wäre Coleridge nicht beim Schreiben unterbrochen worden, hätte er uns dieses erstaunliche Kunstwerk nicht hinterlassen, dessen erster Teil mit Hilfe seiner poetischen Muse verfasst und vollendet wurde, durch seinen wachen Sinn für poetische Kunstfertigkeit. Doch was, wenn Coleridge nicht unterbrochen worden wäre, oder er mit der Unterbrechung anders umgegangen wäre? Was, wenn das Mädchen mit der Harfe in der Lage gewesen wäre, ihr Gedicht zu beenden?

---

[1]Anmerkung der Übersetzerin: Ich habe mich dafür entschieden, das Gedicht frei zu übersetzen. Ich bitte Coleridge um Nachsicht! Wer eine gereimte Version lesen möchte, wird in der Literatur fündig.

Leider werden wir die Antwort niemals wissen, so provokativ die Frage auch sein mag. Das Beste, was wir tun können, ist von Coleridges Geschenk an uns zu lernen. Das Gedicht ist nicht das alleinige Geschenk, sondern die Erfahrung, in die es eingebettet ist - die Fähigkeit, mit seiner poetischen Muse in Kontakt zu treten, die Unterbrechung und ihre Konsequenzen und sein Leben im Allgemeinen. Es gibt so viele Momente in unserem Leben, wo wir die Führung durch innere Inspiration, Kreativität und Weisheit brauchen. Wie bei Coleridge sind die Zeiten, zu denen unsere Muse spricht, kostbar und selten. Wenn wir in Kontakt sind, so nur für kurze Momente, um ihn dann wieder zu verlieren. Wie unterschiedlich könnte unser Leben aussehen, wenn wir in der Lage wären, nicht nur eine, sondern eine beliebige Anzahl von Musen zu erreichen, abhängig von der anstehenden Aufgabe. Wenn wir zu göttlichen inneren Stimmen Zugang hätten, die jeweils Spezialisten auf den verschiedenen Lebensgebieten wären, die uns am meisten angehen und mit denen wir uns plagen? Wie anders sähe unser Leben aus, wenn wir fähig wären, die verlorene Verbindung zu unseren Musen aufzunehmen? Wie könnten wir es anfangen, eine so seltene und wichtige Fertigkeit zu erlangen?

Erst einmal ist es offensichtlich, dass keine Muse eine so wunderschöne Arbeit hätte erschaffen können, wenn Coleridge nicht viele disziplinierte Stunden investiert hätte, um seine Aufgabe zu meistern. Die ganze nötige Hintergrundarbeit, die zu dieser Offenbarung führte, wird von der Geschichte kaum betrachtet. Sie wird vergessen, während wir uns in der Schönheit seiner Prosa verlieren. Die Jahre, mühevoller Hintergrundarbeit, werden etwas deutlicher, wenn wir betrachten, welche poetischen Fähigkeiten Coleridge im zweiten Teil Kubla Khans noch auszudrücken vermag, obwohl es ihm nach der Unterbrechung nicht gelang, sich wieder mit seiner Muse zu verbinden. Wir sehen eine lebenslange Vorbereitung, um einen Lebenskontext zu schaffen, in der Inspiration erfolgreich empfangen und übermittelt werden kann. Coleridges Lebensübung war sein Schreiben und für seine Anstrengungen erhielt er Zugang zu einer Quelle der Inspiration, die jenseits seiner selbst zu liegen schien.

Wie anders könnte Ihr Leben sein, wenn Sie in der Lage wären, eine oder mehrere Musen zu erreichen, je nachdem, mit welchem Lebensumstand Sie sich gerade konfrontiert sehen? Wenn Sie eine persönliche Muse erreichen könnten, die Ihnen beim Schreiben hilft, eine andere zur Lösung von Konflikten und noch eine andere, die darauf spezialisiert ist, Geld zu verdienen? Sie benötigten dann keine künstlerisch spezialisierte Lebenspraxis, wie in Coleridges Fall. Sie würden eine *integrierende* brauchen. Sie wären darauf gefasst, einen Vorteil aus der Kreativität und der Inspiration einer jeden Muse zu ziehen, wann immer sie Willens ist, herabzusteigen. Eine solche Praxis, die versucht, sämtliche Aspekte des Lebens in ein kongruentes Ganzes zu integrieren, nennt man *integrale Lebenspraxis.* Indem Sie üben, ihren Musen tief innerlich zuzuhören, können Sie Ihre innere und äußere Welt, Ihre Seele und Ihre Persönlichkeit und Ihre tiefsten Bestrebungen mit den praktischen täglichen Anforderungen des Lebens in Einklang bringen. Dies ist der erstaunliche Prozess, den Sie auf den folgenden Seiten ergründen werden.

Unabhängig von den Herausforderungen Ihres heutigen Lebens, erweitern Ihre Musen Ihre eigenen Sichtweisen. Die Griechen erkannten zuerst drei und zuletzt neun Musen der Dichtung, der Geschichte, der Liebesdichtung, der Musik, der Hymne, der Tragödie, des Tanzes, der Komödie und der Astronomie. Anhand dieser Liste begreifen wir, dass die Griechen nicht nur für fast jeden Zweck göttliche Inspiration suchten, sondern annahmen, dass eine solche Inspiration jedem Menschen zugänglich sei, ganz unabhängig von der zu lösenden Aufgabe. Könnte es sein, dass Ihre Musen Ihnen auch heute Lösungen Ihrer Lebensaufgaben anbieten, die ungewöhnlich, doch praktikabel sind? Hören Sie wirklich zu? Sind Sie verbunden mit Ihren eigenen Musen, wenn diese in Ihren Träumen und zu anderen Zeiten mit Ihnen sprechen? Den Menschen fallen in der Regel alle möglichen Gründe ein, weshalb sie inneren Quellen der Führung nicht vertrauen oder überhaupt erst zuhören. In den mehr als fünfundzwanzig Jahren, in denen ich zu solchen Verbindungen ermutige, habe ich unzählige Ausreden, Erklärungen, Rationalisierungen und Rechtfertigungen gehört, die alle auf ein unwissendes Abtun des Göttlichen in uns hinauslaufen. Gleichzeitig führt gesunder Skeptizismus zu engagiertem Handeln, wenn Zweifel wirksam bearbeitet werden. Es ist zum Beispiel vernünftig, zu denken: "Warum sollte ich mich ablenken und mich verwirren, in dem ich verschiedenen inneren Stimmen zuhöre? Bedeutet das nicht Fragmentierung? Ist es nicht das, was die Psychiater „Dekompensation" nennen?

Ken Wilber's „pre-trans fallacy"[2] unterscheidet einerseits zwischen dem Chaos vieler vorbewusster Selbste, die noch nicht ins Ego integriert sind und der Koexistenz vieler verschiedener Selbste auf der anderen Seite, die miteinander in Beziehung und einer integrierten Selbstwahrnehmung zur Verfügung stehen. Die meisten von uns haben zu diesem inneren Potenzial keinen Zugang, weil wir nicht gelernt haben, zwischen den regressiven Stimmen innerer Verwirrung und den klaren, autonomen Stimmen zu unterscheiden, die unsere Potenziale verkörpern. Dieses Buch wurde geschrieben, um Ihnen zu helfen, diese Unterscheidung zu treffen und sie in Ihrem Leben umzusetzen.

Wären Sie gern verbundener mit Ihren inneren Musen? Wären Sie gern in der Lage, mit ihnen in Verbindung zu bleiben, wenn Lebensereignisse zusammenwirken, die Sie von ihnen trennen? *Dream Yoga* ist der Ansatz, Ihren persönlichen

---

[2] Siehe Wilber, Ken Eye to Eye, Shambhala, Boston.p.215-60. Anmerkung der Übersetzerin: Der amerikanische Autor Ken Wilber postuliert, dass die psychologische Entwicklung des Menschen sich von präpersonalen/prärationalen/vorbewussten Ebenen über die personalen bis zur transpersonalen/überbewussten Ebene vollzieht. Er geht davon aus, dass präpersönliche und transpersonale Ebenen des Bewusstseins, die nicht rational sind, oft miteinander verwechselt werden, was er „Prä-Trans-Trugschluss" nennt und stellt fest, dass sowohl Freud als auch Jung diesen Fehler begangen haben: Freud interpretierte alle „trans-rationalen" spirituellen Erscheinungen als prä-rationale Regression und Jung unterlag andersherum demselben Trugschluss, in der Annahme, alle prä-rationalen Mythen spiegelten göttliche Erscheinungen wieder. Als Konsequenz für unsere Welt werden hochentwickelte wertvolle mystische Erlebnisse entweder auf einen undifferenzierten Ursumpf herabgewürdigt oder jeder gruselige mystische Blödsinn wird zur göttlichen Erleuchtung hochgejubelt.

Musen intensiv zuzuhören, den Sie hier erkunden werden. Ein „Yoga“ ist jede spirituelle Disziplin, deren Zweck die Einheit mit dem Göttlichen ist. Was die meisten Menschen „Yoga“ nennen ist eine bestimmte Art, die *Hatha Yoga* heißt. *Karma Yoga* bedient sich der Lebensarbeit um Eins mit dem Göttlichen zu werden. *Jhana Yoga* (Jhana ist das Sanskrit Wort für *Zen)* erreicht dasselbe durch Meditation. *Bhakti Yoga* nutzt Hingabe, um Eins mit dem Göttlichen zu werden. *Dream Yoga* betrachtet das typische Leben als eine selbst erschaffene Illusion, die auf den lebenslangen Gewohnheiten des Denkens, Fühlens und der sozialen Prägung gründen. Die, die es täglich praktizieren, sehen das Leben als einen selbst erschaffenen Traum, insofern als unsere Erfahrung und der Grad unserer Entwicklung bestimmen, wie wir auf den Moment reagieren. Während das tibetische *Dream Yoga* lehrt, innerhalb der eigenen Träume aufzuwachen – luzides Träumen genannt – um zu lernen, aus dem Traum des Lebens zu erwachen, lehrt *Dream Yoga* das Aufwachen aus allen Zuständen des Bewusstseins, den des Träumens eingeschlossen. *Dream Yoga* hilft Ihnen dabei, aus Ihrem selbst geschaffenen Lebenstraum aufzuwachen, indem Sie zuerst die Aspekte Ihres Selbst befragen, die befreiende Sichtweisen Ihrer wichtigsten Lebensthemen verkörpern: Geld, Beziehungen, Gesundheit, Ihr spiritueller Weg und die Liebe. *Dream Yoga* lehrt Sie, sich aktiv mit den inneren Musen zu identifizieren und zu jenen Musen zu *werden,* die erfolgreicher als Sie den einzigartigen Herausforderungen Ihres Lebens begegnen können. Wenn Sie *Dream Yoga* praktizieren, lernen Sie, wie Sie aktiv genau die besonderen Musen aufsuchen können, die Sie zu diesem Zeitpunkt Ihres Lebens brauchen, Sie werden fühlen, wie sie in Ihnen lebendig werden. Es bereitet Sie auf die vielfältigen Verkörperungen Ihres authentischen Lichts, Ihrer Weisheit und Ihrer Kreativität vor.

Hätte Coleridge von *Dream Yoga* gewusst, wäre er möglicherweise mit dem Klopfen an seiner Tür anders umgegangen. Vielleicht hätte er beschlossen, seiner Muse und ihrer Übertragung Vorrang über das Geschäft an der Tür einzuräumen. Die Prioritäten seines Lebens wären ihm so deutlich gewesen, dass Zwischenfälle wahrscheinlich keine Hindernisse für seine höchsten und klarsten Absichten bedeutet hätten. Hätte er *Dream Yoga* praktiziert, hätte Coleridge sich nach seiner Unterbrechung wieder mit dem Mädchen mit der Harfe verbinden können. Er hätte ihr erlauben können, die Übertragung ihres Gedichts zu beenden.

Dream Yoga ist eine lebenslange psychospirituelle Disziplin, die entwickelt wurde, um Sie vorzubereiten, einen Vorteil aus den Momenten zu ziehen, da der Himmel sich öffnet. Mit Ihren Musen als Partnern meistern Sie Ihre täglichen irdischen Herausforderungen. Es versetzt Sie in die Lage, Unterbrechungen und Abweichungen von Ihren höchsten Zielen und Ihrem größten Gut zu erkennen und zu ignorieren. *Dream Yoga* wird Ihnen helfen, das Kunstwerk zu schaffen, das Ihr Leben ist, auf die beste Weise, die das Göttliche anzubieten hat. So werden Sie, wie Coleridge, der Welt ein großes Geschenk hinterlassen: ein authentisches Leben, das in Anderen das Beste hervorruft.

Übungen

Hatten Sie jemals das Gefühl, als hätte ein Geistesblitz von Ihnen Besitz ergriffen, ein Gefühl für den Sinn des Lebens, ein künstlerischer Impuls, etwas, das so stark war, dass es sich sowohl göttlich als auch gänzlich „anders“ anfühlte?

Gibt es ein bestimmtes Gebiet in Ihrem Leben, wo solch ein Kontakt stärker ist als auf anderen?

Gibt es Aktivitäten, die Ihre Muse stärker ermutigen, zu erscheinen als andere?

Gibt es bestimmte Zeiten, zu denen Ihre Muse sich stärker ermutigt fühlt, zu erscheinen als zu anderen?

Kapitel 2

Was ist eine integrale Lebenspraxis?

Jeder, der heilen, ins Gleichgewicht kommen und Bedürfnisse transformieren möchte, braucht eine integrale Lebenspraxis. Ohne sind wir weder Fisch noch Fleisch, wir leben ein Leben voller Erfahrungen, jedoch ohne Zweck oder den Sinn einer Richtung, die von einer das Ganze zusammenfassenden Grundrichtung ausgeht, die jeden Aspekt unseres Lebens durchdringt. „Integrale Lebenspraxis" ist ein Begriff, den Ken Wilber und das „Integral Institute of Boulder" in Colorado prägten, die auf der Arbeit aufbauen, wie sie George Leonard und Michael Murphy vom Esalen Institute in ihrem Buch „The life we are given"[3] beschreiben. Es erläutert die Praxis persönlicher spiritueller Disziplinen, die die Evolution des menschlichen Potenzials unterstützen. Eine integrale Lebenspraxis, oder ILP, ist eine psychospirituelle Disziplin, um eine Reihe von Instruktionen herum angeordnet. Diese Instruktionen oder Gebote sind Anweisungen, die Sie im Laboratorium Ihres eigenen Lebens einem Test unterziehen.

Eine integrale Lebenspraxis ist eine besonders potente Form persönlicher Übung. Sie ist insofern eine Disziplin, als dass sie einer konsequenten Verpflichtung zu einer Handlungsweise bedarf. Integrale Disziplinen sind spirituell, in dem sie so angelegt sind, dass sie die Ganzheit des Bewusstseins, einschließlich aller spirituellen Dimensionen integrieren. Solche

[3] Anm. der Übersetzerin: Das Leben, das uns gegeben ist.

Praktiken werden Yogas genannt, da sie psychospirituelle Disziplinen sind, die eine Einheit mit dem Göttlichen festigen sollen.

Tägliche Praxis erdet den Geist im Körper und stärkt nachdrücklich Heilung. Heilung ist die Eliminierung verinnerlichter Konflikte und die Rückkehr der Selbstregulation. Wenn das geschieht, erfahren wir Gesundheit und Vitalität, begleitet von gesteigerter Aufmerksamkeit, Wachheit und Mitgefühl. Die tägliche Praxis des *Dream Yoga* wurde so gestaltet, dass sie Ihre Musen einlädt. Das beinhaltet auch ihr Erscheinen in Ihrem täglichen Leben. Ihre Musen sind Mitglieder Ihrer eigenen spirituellen Gemeinschaft oder *Sangha*, die Sie unterstützt. „Sangha" ist ein Sanskrit Wort, das „spirituelle Gemeinschaft" bedeutet. Sie verstärkt die spirituelle Unterstützung, die Sie von Ihren Musen erhalten. Als Sangha-Mitglieder arbeiten sie für Ihre persönliche Heilung, Ihr Gleichgewicht und Ihre Transformation.

Eine integrale Praxis ist *dharmisch*. „Dharma" ist ein Wort aus dem Sanskrit, das „Aktion", „universelles Gesetz" und „Absicht der Seele" bedeutet. Es drückt Ihre authentischen Absichten auf eine Weise aus, die im Einklang mit Ihrer Seele sind. Eine *dharmische* integrale Lebenspraxis spricht die Bedürfnisse der ganzen Person an, Körper, Verstand, Seele, zwischenmenschlich und innerpsychisch, nicht aus der Perspektive Ihrer eigenen Bedürfnisse und Ihres Wollens, sondern aus der Perspektive des Plans, den das Göttliche für Ihr Leben hat. Integrale Praktiken beziehen alle Ihre Ebenen der Entwicklung mit ein, eingeschlossen Ihr Wachstum, was Weisheit, Akzeptanz, körperliche Kraft und Koordination betrifft,

Ethik, Mitgefühl und kommunikative Fähigkeiten. Es bezieht alle vier Quadranten des menschlichen Hologramms mit ein, das sowohl Ihre inneren und äußeren Welten einschließt, wie auch Ihre individuelle und kollektive Erfahrung. Eine integrale Praxis wirkt nicht nur heilend, ausbalancierend und transformierend auf Ihr Wachleben sondern auf alle Zustände Ihres Bewusstseins, wie die des Schlafens, Träumens und der Meditation. Geschlechterfragen werden transzendiert, in dem die Stärken beider, sowohl maskuliner wie auch femininer Aspekte Ihrer androgynen Seele kultiviert werden. Integrale Praktiken ziehen prä-personale, personale, transpersonale und non-duale Perspektiven der Entwicklung in Betracht. Sie streben nach Weisheit als Gegenmittel für das Leiden, verursacht durch Unwissenheit und Anhaften.

Eine integrale Lebenspraxis ist transformativ. Sie erweckt Sie, verändert Ihre Beziehung zu Anderen, zu Ihrem Körper und Geist, zum Geld, zu Ihrer Karriere und bezüglich Ihrer Gründe zu leben. *Dream Yoga* lehrt eine zentrale Fähigkeit: Jenen inneren Musen zutiefst zuzuhören, die Kernqualitäten Ihres authentischen Selbst verkörpern. Es ist eine Lebensperspektive, in deren Mittelpunkt Vertrauen, Mitgefühl, Weisheit, Akzeptanz, innerer Frieden und Zeugenschaft stehen. Im *Dream Yoga* informieren, führen und modifizieren diese Eigenschaften Ihre integrale Lebenspraxis. Außerdem erweitert sich Ihr Gefühl des Selbst durch die Identifikation mit Verkörperungen Ihrer angeborenen authentischen Potenziale. Sobald Ihre wache Tagesordnung auf Ihr authentisches Selbst ausgerichtet ist, heilen, balancieren und transformieren Sie Ihr Leben. Sie erlangen eine stabile Perspektive, die die begrenzteren und beschränkteren mit einschließt.

Dream Yoga lehrt Sie zuerst, Kontakt zu den tiefen, erfüllenden, intimen jeweiligen Beziehungen mit den Aspekten Ihres Selbst aufzunehmen, wie sie sich in Ihren Träumen und in Ihren Lebensthemen des Wachzustands darstellen, und ihn dann aufrecht zu erhalten.

Viele dieser Aspekte offenbaren sich selbst als Verkörperungen Ihrer grundlegenden Potenziale. Stellen Sie sich das so vor, als hörten sie aufmerksam Ihren persönlichen Musen zu, um eine starke innere spirituelle Gemeinschaft, ein System zu Ihrer Unterstützung zu erschaffen, *innersoziale Sangha* genannt. Dieser Prozess wird in einer strukturierten Weise durch die Kernpraktik des Befragens Ihrer Selbstaspekte unterstützt und dient dazu, innere Konflikte zu entschärfen, die Heilung zu beschleunigen, eine höher angesiedelte Vitalität zu erreichen und Barrieren zu identifizieren, die der Selbstregulation entgegenstehen. Diese Interviewtechnik unterstützt die Integration durch die Ausrichtung auf Ihre inneren Musen, die Ihre tiefsten und weitesten Potenziale darstellen und erhält sie aufrecht. Ihre Musen sind Ihre Lehrer und im *Dream Yoga* handeln sie als vitale innere Berater für jedes Gebiet Ihres Lebens.

Wie sieht eine integrale tägliche Praxis aus? Studenten des *Dream Yoga* setzen sich über einen Zeitraum von entweder einem Jahr, sechs Monaten, einem Monat oder einer Woche Ziele auf dem Gebiet der körperlichen Ertüchtigung, der Ernährung, der Gesunderhaltung, der kommunikativen Fähigkeiten und der Beziehungen, der Finanzen und der spirituellen Entwicklung. Diese Ziele werden dann denjenigen

Selbst-Aspekten unterbreitet, die die höchsten Werte in den oben erwähnten transpersonalen Kernqualitäten erreichen. Dies geschieht, um zu sehen, ob unsere Ziele in Einklang sind mit den Prioritäten der inneren Musen, damit innere Konflikte reduziert werden, die häufig das Erreichen unserer Ziele sabotieren. Es ist durchaus möglich, dass Ihre Selbst-Aspekte andere Ziele betonen als Sie! Falls das so sein sollte, wird *Dream Yoga* Sie lehren, wie Sie unterschiedliche Prioritäten miteinander aussöhnen.

Wie sieht *Dream Yoga* aus? Hier ist ein amüsantes persönliches Beispiel, damit Sie sich eine Vorstellung von dem Prozess machen können. Ich war mein ganzes Leben lang Experte im Zögern und Zaudern, mir gebührt wenigstens ein Doktortitel, wenn nicht ein Professorentitel in dieser entscheidenden Lebenskompetenz. Im vergangenen Jahr musste ich meinen Hintern ganz schön bewegen, um die nötigen Formulare für die Zulassung auszufüllen, um Seminare auf meinem Gebiet für unterschiedliche professionelle Gruppen abzuhalten. So setzte ich mich vor meinen Computer und dachte darüber nach, wie ich mich fühle, wenn ich zaudere. Nicht gut! Als ich das Gefühl deutlich in meinem Kopf hatte, fragte ich mich selbst: „An welche Farbe erinnert mich dieses Gefühl? – Erbsensuppengrün! Iih!“ Dann stellte ich mir vor, wie sich der Raum vor mir mit einer amorphen Wolke grüner Erbsensuppe füllte! Keine angenehme Erfahrung! Dann erlaubte ich der Wolke, feste Gestalt anzunehmen, sich zu verdichten oder in eine Form zu kristallisieren.
Es wurde eine grüne Eidechse daraus! Nun hatte ich einen Darsteller, den ich interviewen konnte! Und so lief das Interview

mit meiner Eidechse, die ein wenig dem kleinen Knirps Yoda aus Star Wars ähnelte!

OK, grüne Eidechse, warum habe ich so viele Widerstände, diese Formulare auszufüllen??

Woher soll ich das wissen? Ich bin bloß eine blöde imaginierte grüne Eidechse, ein Produkt deiner Einbildung!!!

OK. Tut mir leid. Wohl eine zu direkte Annäherung. Eidechse, was magst du an dir selbst?

Ich bin schnell, wenn ich einmal beschließe, mich zu bewegen. Meistens tue ich das aber nicht. Ich bin geduldig. Ich bin ziemlich ruhig.

Ah, verstehe! Ich bin vor einer Weile einem Charakter begegnet, wie du einer bist, den ich vergessen habe! Ich glaube, es war in einem Traum! Irgendwas über zielgerichtete Energie! Irgendetwas über das Überhaupt-Nichts-Tun, faul aussehen aber sehr effizient, sehr gezielt, wenn man dann handelt! Nun, das ist nett, aber was soll's? Ich hab den faulen Teil kapiert, aber nicht den gezielten, auf Aktion gerichteten. Ich zögere und zaudere und wenn ich dann handle, mache ich vielleicht nur einen Teil des Jobs, je nachdem, worum es geht! Also, Eidechse, was magst du an dir selbst nicht?

Es gibt nichts an mir, was ich nicht mag. Ich kann keine Schwächen sehen. Wenn ich für dein Leben zuständig wäre, wäre ich mehr handlungsorientiert, weniger reflektiv, weniger emotional. Ich bin ein Teil von dir, der keine große Energie verschwendet, um über Sachen nachzudenken. “Tu es oder tu es nicht, da gibt’s kein Versuchen!“ Ich bin kein Quatsch, ich bin nämlich echt, authentisch, zielgerichtet und ich schaff den Job. Das macht mein Leben viel einfacher als deins!

OK, ich höre also, dass du mir sagst, ich muss mehr wie du sein, wenn ich hinter meine Widerstände kommen will, denn beim Widerstand geht es um dieses reflektive, emotionale Zeug und damit hast du nichts am Hut. Du bist ganz und gar Aktion. Stimmt das?

Richtig! Du hast es kapiert!

Jetzt ist meine Eidechse mein Kumpel bei meinen Alltagsangelegenheiten. Meistens lehnen wir uns zurück, schippern durch das Leben, das gefällt uns besser als das bloße Sonnen auf einem Felsen. Aber wenn es an der Zeit ist, etwas zu tun, wo es um Widerstand geht, werde ich zur Eidechse! Sie springt in die Handlung, streckt ihre Zunge raus und fängt eine Fliege! Dann ist sie wieder still! Dieses Modell funktionierte für mich, weil es mir die Erlaubnis gab, mich mit meinem gewohnten Selbst wohl zu fühlen, was so ungefähr neunzig Prozent der Zeit ausmacht. Wenn wir uns verändern wollen ist es wichtig, dass wir uns selbst nicht schuldig fühlen, weil wir unsere Potenziale nicht die ganze Zeit leben. Das ist nicht realistisch! Die anderen zehn Prozent der Zeit wurden dadurch viel effizienter, da Handlungen außerhalb meiner Wohlfühlzone mit der Hilfe meiner Eidechsenmuse entschieden und chirurgisch ausgeführt wurden und dann vorbei waren!

Vergessen Sie nicht, dass Ihre Begegnung mit *Dream Yoga* einzigartig sein wird. Eidechsen, die sich aus einer grünen Erbsensuppe verdichten, klingen wie eine lächerliche Zeitverschwendung, aber Ihre einzigartigen, spontanen Lösungen werden wahrscheinlich wiederum anderen genauso seltsam oder unwirksam erscheinen. Um authentisch zu werden, müssen Sie eine Methode finden und benutzen, die kontinuierlich Ihre eigenen einzigartigen Lösungen für die Herausforderungen Ihres Lebens hervorbringt und honoriert, unabhängig davon, ob sie für andere einen Sinn ergeben oder ob andere sie unpassend finden. Spirituelle Disziplinen bedeuten Arbeit. Aber lohnende Arbeit kann Spaß machen, wenn wir uns auf die richtige Weise annähern. Hoffentlich übermittelt meine Eidechse etwas von der leichtherzigen Natur dieser mächtigen und transformativen spirituellen Praxis. Um ein klareres Verständnis für *Dream Yoga* als integrale Lebenspraxis zu entwickeln, werden wir jetzt seine Entstehungsgeschichte genauer untersuchen.

Übungen

Welchen Lebensdisziplinen gehen Sie zurzeit nach?

Sind diese im Einklang mit Ihren authentischsten Prioritäten? Falls ja, woher wissen Sie das?

Welchen Unterschied würde es machen, wenn Ihr Wachleben in zunehmendem Maße Ihre authentischsten Prioritäten reflektieren würde?

Kapitel 3

Die Entdeckung eines Traums

Sara[4] kam sehr aufgeregt und verängstigt in mein Büro. Sie sagte: "Dr. Dillard! Ich hatte diesen schrecklichen vorherseherischen Traum und ich kriege ihn nicht aus meinem Kopf! Ich träumte, dass dieses Flugzeug gerade abhob und abstürzte! Alle Leute darin waren tot! Es war fürchterlich! Ich muss sie warnen!"
Ich sagte: "Sara, gab es irgendwelche Worte oder Farben auf dem Flugzeug, so dass man es identifizieren könnte?"
„Nein, es war ein Jet und er war groß und silbern."
„Könntest du beschreiben, wo er abstürzte? Gab es ein Gebäude, das du erkennen konntest? Was für Bäume gab es dort?"
„Nein, er stürzte auf dem Flughafen zu Boden. Es war schrecklich!"
„Sara, da wir keine Möglichkeit haben, dieses Flugzeug zu identifizieren, würde es Dir etwas ausmachen, wenn ich dem Flugzeug ein paar Fragen stellte? Vielleicht kann es uns erzählen, was da los ist!"
Sara sah mich ziemlich seltsam an. "Mit dem *Flugzeug* sprechen?"
„Ja! Da Du diesen Traum hattest, kannst Du Dir vorstellen, dass Du wieder in dem Traum bist und Dir ausmalen, dass Du das Flugzeug bist und den Traum aus der Perspektive des Flugzeugs erleben. Als wir Kinder waren, haben die meisten in

[4] Alle Interviews sind authentische Niederschriften. Namen der Studenten und Klienten wurden geändert.

der Phantasie so getan als wären sie Lehrer, Athleten oder Helden. Stell Dir doch einfach vor, Du wärst wieder ein Kind und sag das Erste, das Dir in den Sinn kommt!
„Na ja, warum nicht, wenn es hilft, ein paar Leben zu retten!"
„Flugzeug, ich verstehe, dass Du ein großer silberner Jet bist in diesem Traum. Stimmt das?"
„Ja, und ich bin voller Menschen. Ich glaube, ich bin nicht besonders gut gebaut worden, denn man kann durch die Nähte in meine Seiten gucken!"
„Was passiert in diesem Traum, Flugzeug?"
„Ich hebe ab von dieser Startbahn …und während ich an Höhe gewinne, fange ich an zu wackeln und als ich noch höher steige, wackle ich noch mehr..."

An diesem Punkt sagte Sara: "OH MEIN GOTT!" Sie umklammerte ihren Unterleib mit beiden Händen und sagte: "Ich arbeite seit einiger Zeit 80 Stunden in der Woche! Dieser Traum versucht mir zu sagen, wenn ich nicht kürzer trete, werde ich eine massive gesundheitliche Krise erleben!"

Sara war erstaunt. Sie glaubte überhaupt nicht länger, ihr Traum sei Vorhersehung. Sie war vielmehr überzeugt, dass sie sich selbst ein sehr lebendiges, metaphorisches Portrait der Auswirkungen ihrer Arbeitsgewohnheiten auf ihre körperliche Gesundheit gegeben hatte. Wir halfen ihr, eine integrale Lebenspraxis zu entwickeln, mit der sie ihr Leben besser ins Gleichgewicht bringen konnte und die sie mehr Rücksicht auf ihre Gesundheit nehmen ließ. Sie war sehr angetan und dachte, ich sei ein großartiger Trauminterpret. Das amüsierte mich, da ich überhaupt nichts interpretiert hatte. Alles, was ich getan hatte, war eine Verbindung zwischen Sara und einem Teil in ihr herzustellen, der versuchte, sie aufzuwecken!

Dream Yoga ist die Kunst, Fragen an Ihre Symptome zu stellen, Ihre Gefühle, Ihre Träume, sogar an ein Wachgeschehen, um Sie mit Ihren authentischen Prioritäten in Verbindung zu bringen. Ihr wirkliches Selbst ist Ihr Coach!

Wenn Sie eine weiterführende Partnerschaft mit ihm eingehen, wird es Ihr Leben viel leichter und wirkungsvoller heilen, ins Gleichgewicht bringen und verändern als ein anderer Mensch es auch nur annähernd könnte. *Dream Yoga* ist auch ein Weg, die Richtung, die Sie gewiesen bekommen, in die Praxis umzusetzen; Sie können es nutzen, um eine integrale Lebenspraxis zu entwerfen, die Sie täglich verfolgen können.

Dream Yoga ist eine psychospirituelle Technik, die sich der Aufgabe widmet Kinder, Paare, Familien und sogar Aufsichtsräte, Körperschaften und Kirchenvorstände zu lehren, zutiefst auf ihre eigenen inneren Prioritäten zu hören. Die Prioritäten, so wie sie inmitten von Rollen gesetzt werden, die miteinander und mit der Privatperson in Konflikt stehen, zerstören Beziehungen und bringen erhabene Ziele zu Fall. Wenn wir lernen, authentisch zu kommunizieren, von Seele zu Seele, können wir viele Personifizierungen umgehen, die verhängnisvoll für unsere Beziehungen sind.

Das Streben nach einer starken, klaren, dauerhaften Verbindung zum Göttlichen in uns ist eine lebenslange Reise für mich, so wie für viele von uns. Als kleiner Junge verbrachte ich die Sonntagmorgen in der presbyterianischen

Sonntagsschule und lernte biblische Geschichten. Eine von ihnen faszinierte mich ganz besonders. Sie handelte von Joseph, dem Traumübersetzer des Pharao. Erst zwanzig Jahre später dämmerte es mir, dass diese frühen Kindheitserfahrungen in mir ein Drehbuch hinterlassen hatten, in dem ich mit dem Namensvetter einen tiefen Respekt für Träume und fürs Träumen teilte. Und doch scheint es da noch etwas Anderes zu geben, etwas noch Tieferes, das eine lebenslange Hingabe hervorgerufen hat: Die Prinzipien zu entdecken, die ich heute *Dream Yoga* nenne. Im Rückblick ist es leicht zu glauben, dass unser Leben genau so verläuft, wie es uns bestimmt ist. Wenn ich zurückschaue, scheint wirklich ein Plan am Werk zu sein, der sehr viel größer ist als ich.

In einer meiner frühesten Kindheitserinnerungen marschiere ich ins Wohnzimmer, in dem meine Eltern, die Eltern meines Vaters und ein anderes Ehepaar erst Bibelgeschichten vorlesen, dann beten und dann einem Ouijabrett Fragen stellen. Das war in den frühen Fünfzigern in Little Rock, Arkansas, das nicht gerade eine Wiege metaphysischer Aktivität war. Wenn man die vorherrschenden kulturellen Strömungen der damaligen Zeit in Betracht zieht, ist es erstaunlich, dass ich in einer Familie groß wurde, die Reinkarnation akzeptierte, die offene Erforschung höherer mentaler Kräfte und die Evolution der Seele. Ansonsten hatten meine Eltern ziemlich konventionelle Erziehungsmethoden. Mein Vater, dessen Namen ich teilte, war einer der ersten Kieferchirurgen in Arkansas.

Meine Mutter, eine Hausfrau mit Highschool-Abschluss, war äußerst intuitiv und ausgesprochen tolerant gegenüber fremden

Menschen und fremden Ansichten. Ich hielt all das für nichts Besonderes, bis ich als Dreizehneinhalbjähriger meine Eltern mit der „Associaciation for Research and Enlightment", die die Erforschung der lebensverändernden übersinnlichen Vorträge von Edgar Cayce unterstützt, auf eine Reise in den Nahen Osten begleitete. Wie viele wissen, war Cayce ein außergewöhnlich begabter medizinischer Hellseher, der ganzheitliche und natürliche Heilung in der ersten Hälfte des zwanzigsten Jahrhunderts propagierte, lange bevor seine Ernährungskonzepte durch die medizinische Forschung bestätigt wurden, so dass sie von der „American Heart Association" empfohlen wurden. Noch dazu waren seine Vorträge voller faszinierender Informationen über heilende Beziehungen, die Beziehung des Menschen zu den göttlichen Kräften, über Meditation und die Interpretation von Träumen.

Fünf Wochen lang bereisten meine Eltern und ich im Frühling 1963 Ägypten, Griechenland, Israel, Jordanien, Syrien und den Libanon. Mit dabei waren etwa vierzig Mitglieder der „Association for Research and Enlightenment", unter ihnen die erstaunlichsten Menschen, die man sich vorstellen kann. Dreizehn Jahre alt, kletterte ich im Tal der Könige herum, in Karnak, Baalbek, Epidaurus, Mount Carmel, Abu Simbel und Knossos – und ich kletterte wirklich auf alles, was sich in meiner Sichtweite befand.

Irgendwo gibt es ein Bild von mir, hoch oben auf der Großen Pyramide zusammen mit Hugh Lynn Cayce, Edgar Cayce charismatischem Sohn und mit Bill und Gladys McGarey aus Phönix, Arizona, die später die Begründer der „American Holistic Medical Association" wurden. Während unserer Reise interviewte die Gruppe Heiler und Menschen, die behaupteten, sich an vergangene Leben zu erinnern. Wir meditierten jeden Morgen zusammen und besprachen unsere Träume beim Frühstück. Ida Rolf, Begründerin der Körpertherapie namens Rolfing, war auch bei der Reise dabei. Dazu kam noch eine Reihe von übersinnlich Begabten, die mit uns unterwegs waren, einschließlich eines zehnjährigen Mädchens, das, sehr zu meinem Verdruss, meine Gedanken lesen konnte!

Als ich nach Little Rock zurückkehrte, sahen die Frösche zwar genauso aus wie vorher und sie quakten auch auf die gleiche Weise, aber, es erübrigt sich von selbst, dass sich mein familiärer Teich in einen weltweiten Ozean verwandelt hatte. Meine Sicht der Welt entsprach nicht der meiner Altersgenossen. Der Preis, den ich zahlen musste für eine solch außergewöhnliche Möglichkeit des Lernens war der, dass ich nur wenige Menschen hatte, die mir das Gefühl gaben, die Dinge, die mir wirklich wichtig waren zu verstehen, so wie meine Suche nach der Bestimmung meiner Seele. So begann ich, mir die metaphysische Bibliothek meiner Großmutter einzuverleiben.

Der Rest der Highschool war hart. Ich passte nicht dazu und ich wusste nicht, wie ich das ändern sollte. Intellektuell neugierig, war ich ein fauler Schüler, der eine mittelmäßige Erziehung erhielt. Dazu kam noch, dass ich ein langer dürrer Introvertierter war, gehemmt und sehr unsicher. Keiner in meiner Familie zeigte Wut oder Angst oder interessierte sich für Sport oder Leibesübungen, also hatte ich überhaupt kein Verständnis und keine Wertschätzung für die Dinge des Lebens, die normal und wichtig sind für viele Menschen. Ich hatte Angst, zu versagen und abgelehnt zu werden und versteckte mich auf vielerlei Art vor der Welt. Obwohl meine Persönlichkeit und meine Entwicklung völlig unausgeglichen waren, hatte ich doch ein tiefes Empfinden, dass das Gleichgewicht, nach dem ich mich verzehrte, aus mir heraus kommen musste und wenn ich hartnäckig bleiben würde, dann würde ich es letzten Endes finden.

Eines der spannendsten Konzepte, die ich von den Cayce Vorträgen behalten hatte war, dass sich wichtige Ereignisse in unserem Leben zuerst in unseren Träumen zeigen. Ein weiteres Prinzip, an das ich mich erinnerte, war, kein blindes Vertrauen in spirituelle Quellen zu setzen, sondern sie in meiner persönlichen Erfahrung zu überprüfen. Zwar dachte ich, dass die erste Behauptung ziemlich seltsam war, die zweite aber hielt ich sowohl für gerecht als auch für weise. Ich begann ein Traumtagebuch zu führen.

Ich beschloss: Falls Cayce auch nur gelegentlich Recht haben sollte, was die Vorausschau wichtiger Lebensereignisse in Träumen betraf, so hätte ich doch ein Narr sein müssen, um nicht selbst nach ihnen Ausschau zu halten.

Nach der Graduierung an der Highschool verbrachte ich mein erstes Semester an einem kleinen methodistischen College in North Central Arkansas. Es war eine gute Schule, aber zu provinziell für meine Interessen. Ich fühlte mich allein, getrennt von den Menschen, die ein brennendes Verlangen hatten, ihre Seele und deren Plan für ihr Leben kennen zu lernen. Ich wusste nicht, was ich tun sollte und bewarb mich an einem texanischen Bibel College, von dem ich im Radio gehört hatte.

Wenigstens würde ich da unter spirituell engagierten Menschen sein! Ich bewarb mich, wurde für den folgenden Herbst angenommen und verbannte alle Zweifel und alle Träume aus meinen Gedanken. Das war die richtige Entscheidung und dort würde ich hin gehen. Basta!

Zu jenem Zeitpunkt in meinem Leben hatte ich ab und zu Kontakt mit Seelenverwandten durch die Konferenzen bei der A.R.E. in Virginia Beach und dem mittleren Westen. Bei einer A.R.E. Konferenz in der Zentrale der Unity Church in Lee's Summit, Missouri, hörte ich in einer kleinen Gruppe einer Präsentation zu, mein unterer Rücken lehnte gegen einen - wie ich dachte – Stuhl. Nach dem Vortrag näherte sich mir ein Mann mit ergrauendem Haar und sagte: "Verzeihen Sie, aber während des Vortrags lehnten Sie sich in Ihrem Stuhl zurück und das untere Ende Ihrer Wirbelsäule berührte mein Knie. Ich fing an, Dinge in Ihnen wahrzunehmen und hatte das Gefühl, ich solle mein Knie lassen, wo es ist. Möchten Sie gern wissen, was ich gesehen habe?"

Wer sagt schon „Nein" zu einer solchen Einladung, also hörte ich erstaunt zu wie er mir erzählte, er habe für den kommenden Herbst eine Gabelung auf meinem Lebensweg gesehen. Falls ich den falschen Weg wählte, würde das fünf Jahre zusätzlicher Zeit bedeuten, die es bräuchte, um zu meinem Lebenswerk zu kommen. Er sagte, ich hätte bereits Träume erhalten, die mir das sagten, aber ich hätte sie abgeblockt. Als nachträglichen Gedanken fügte er hinzu: "Oh, und Sie waren übrigens einst ein Kartograph der iberischen Halbinsel."

Das ergab für mich alles sofort einen Sinn. Die Bibelschule würde mich mein erstes Semester wiederholen lassen, um mich anständig zu indoktrinieren. Das bedeutete ein Studium von insgesamt fünf Jahren. Mein Bauch sagte mir, dass er ebenfalls Recht hatte mit meiner absichtlichen Unterdrückung meiner Träume, so dass ich nicht einmal die leiseste Stimme hören würde, die meinen Entschluss schwächen würde, zu dieser Schule zu gehen! Was die Bemerkung betraf, ich sei einst ein Kartograph gewesen: Seit meiner Kindheit war ich von Landkarten völlig fasziniert. Ich habe mich seither gefragt, ob sich nicht irgend ein Teil von mir vielleicht in Portugal zur Zeit Heinrich des Seefahrers herum getrieben hat, vor Kolumbus, als die Welt sich erweiterte und gute Karten unbezahlbar waren. Viel später wurde mir klar, dass eine meiner Begabungen darin liegt, Karten des Geistes zu verstehen und zu entwerfen.

Ich war äußerst erleichtert, von meinen Verpflichtungen gegenüber einer fundamentalistischen kirchlichen Erziehung befreit zu sein, aber was sollte ich jetzt bloß tun? Ich kämpfte weiter mit dem tiefen Wunsch nach einer Richtung in meinem Leben. In den nächsten fünf Jahren hüpfte ich von einem College zum nächsten und studierte Philosophie und Psychologie und ich lernte noch mehr über Edgar Cayce, Carl Jung und die phantastische Ära des Wassermanns. 1969, an der Southern Methodist Universität, wurde mein Weltbild wieder einmal auf den Kopf gestellt. Ich studierte vergleichende Religionswissenschaften bei Fredrick Streng, der seine Doktorarbeit über Madhyamika geschrieben hatte, den „mittleren Weg“ des Nagarjuna, einem Mönch, Mystiker und Philosoph wie er im Buche steht. Er wird von manchen als die

Krönung des Ausdrucks buddhistischen Gedankenguts betrachtet. Ungefähr 1972 studierte ich südlich von Los Angeles Aktualismus bei Ralph Metzner, der davor ein Kollege von Richard Alpert (Ram Dass) und Timothy Leary in Harvard war. Ich bekam jedenfalls einen beträchtlichen Haufen psychischer Verdauungsstörungen und hatte einen grässlichen Albtraum, der dazu führte, mich von dieser Gruppe unter Schmerzen loszureißen. Ich humpelte zurück nach Hause in Arkansas, verwirrt, wie ein verlorener Sohn, aber mit einer erneuerten Verpflichtung, in mir selbst die Wahrheit zu finden und anderen zu helfen, das Gleiche zu tun. Führung durch andere Menschen würde durch den Zufall glücklicher Entdeckungen zu mir kommen, aber ich war mittlerweile überzeugt, dass etwas in mir sich nicht besonders darauf verlassen würde.

Die Erfahrung mit jenem Traum und mit verschiedenen Kursen, die ich an der Atlantic University in Virginia Beach belegte, führten dazu, dass Hugh Lynn Cayce mich bat, ihn 1975 auf einer Lesereise zu begleiten und Vorträge zu halten über Traumarbeit, Heilen und Meditation. In einer Hinsicht war diese Erfahrung der Gipfel öffentlicher Anerkennung, in einer anderen war es eine schwerwiegende Enttäuschung für mich. Ich war sowieso schon sehr selbstkritisch und Hugh Lynn war es ebenso. Ich wollte ganz und gar seinen Erwartungen entsprechen und Hugh Lynn seinerseits versuchte Jesus zufrieden zu stellen. Ich war viel härter zu mir selbst als er zu mir, aber ich hatte doch das Gefühl, in seinen und meinen Augen ein Versager zu sein. Diese Erfahrung war ursächlich, dass ich aus der A.R.E. ausschied.

Es gab jedoch noch einen tiefer liegenden Grund, warum ich die A.R.E. verließ. Auf Grund der Überzeugungskraft der Mahayana Weltanschauung und des Bewusstseins, das ich erlebte, wenn ich mich in dieser Weltanschauung in der Meditation heimisch machte, löste ich mich wieder einmal von den Wurzeln, die mich genährt hatten. Ich sah die Welt auf eine Weise, die keinen Sinn für meine Freunde machte, nicht einmal für die, die aufrichtig und offen auf der spirituellen Suche waren. Ich betrachtete jetzt viel von dem hinduistischen Wedanta durch die Brille der Vorträge von Cayce, eine Anschauung, die ich als subtile Ebene einer transpersonalen Sichtweise der spirituellen Wahrheit respektierte, mit der Betonung auf dem Einssein mit Gott. Diese subtile Ebene ermöglicht nicht nur Erfahrungen des Einsseins mit Gott, vielmehr wird die Wahrnehmung des eigenen Selbst durchtränkt mit Göttlichkeit, durch die Hingabe an und die Liebe zu Gott und anderen. Nagarjunas Lehre drückte das aus, was mir wie eine grundlegende Sichtweise spiritueller Wahrheit vorkam. Grundlegende Sichtweisen transzendieren die Form. Sie akzeptieren und transzendieren dennoch einen Glauben an Gott oder Atman, wie das Ewige Selbst im Hinduismus genannt wird. Ich gelangte zu der Schlussfolgerung, dass Cayce, so wie die Hauptrichtungen der westlichen religiösen Traditionen, wichtige Sichtweisen, die der Buddhismus da aufwarf, wo er am Besten ist, gar nicht ansprachen. Ich musste mich einem Dilemma stellen: Ich bekam es nicht hin, die Weltanschauungen der Christenheit, Edgar Cayce und das hinduistische Wedanta den Buddhismus umfassen zu lassen, schon gar nicht den Nagarjunas und doch umschloss der Buddhismus all diese, insofern, als dass sein System all jene Sichtweisen in Betracht zog, während die anderen die Bedeutung der kausalen[5] Weltanschauung des Buddhismus nicht erfassten. Ich hielt mich dabei keineswegs für einen Buddhisten und das tue ich bis auf den heutigen Tag nicht. Stattdessen bin ich dahin gekommen, die Bedeutung und die Gültigkeit einer Vielzahl von Sichtweisen anzuerkennen. Durch *Dream Yoga* wurde mir deutlich, dass eine große Bandbreite von Weltanschauungen in uns und in der Welt existieren kann.

Träume und mediale Vorträge führten mich 1974 auf das Gebiet der Geisteskrankheiten. Ich begann Seminare über Traumarbeit zu halten, während ich in der geschlossenen Psychiatrie mit ernsthaft geistig Behinderten arbeitete. Meine Patienten halluzinierten und wurden mit psychotropen Medikamenten stabilisiert oder sie hatten gerade versucht, sich selbst zu töten und waren zutiefst depressiv. In ihnen allen

---

[5]Wie ich angedeutet habe, ist „kausal" das Wort, mit dem am häufigsten eine Art der Weltanschauung belegt wird, die den Glauben an jeden Gott, jedes Selbst, jede Religion oder Gestalt als Wesen oder unabhängige Wesenheiten transzendiert. Diese Anschauung wird gewöhnlich aus einer begrenzteren Perspektive heraus als atheistisch, nihilistisch und gleichgültig bis hin zur chronischen Passivität und Belanglosigkeit missverstanden. Das ist verständlich, weil alle Perspektiven von sich selbst denken, sie seien die weitesten und besten und daher weitgefächertere Perspektiven verzerren und falsch interpretieren als tatsächlich kleiner und begrenzter als ihre eigenen, was Ken Wilber als den „Prä-Trans-Trugschluss" bezeichnet. Mit Selbst-Apekten in Berührung zu kommen, die solche breiteren Perspektiven verkörpern, wie es *Dream Yoga* tut, ist ein starkes und wirksames Gegenmittel für diesen weitverbreiteten und chronischen menschlichen Irrglauben.

konnte ich einen göttlichen Funken wahrnehmen, der hell in ihnen brannte und danach strebte, seine Form von Gesundheit, Ausgeglichenheit und Transformation zu offenbaren. Fachleute, die an meinen Traumseminaren teilnahmen, drängten mich, zu promovieren. Ich war des Studiums müde zu jener Zeit, hatte 1975 endlich mein Fernstudium abgeschlossen, vier Jahre später als geplant. Jedenfalls zog ich los, genötigt von Lehrern und Therapeuten, bewarb mich an der „Graduate school of Social work" an der „University of Arkansas" in Little Rock und wurde angenommen.

Trotz meines lang währenden Interesses an Träumen und des Träumens und all meiner Vorträge darüber seit 1970: Meine Zufriedenheit auf diesem Gebiet begann zu schwinden. Die klinischen Annäherungsweisen an die Traumarbeit, die ich erforscht hatte, fand ich zum großen Teil unbefriedigend. Die Trauminterpretation war eingebettet in die Sprache universeller Archetypen, kulturüberschreitender religiöser Symbolik und spirituellen Gleichnissen und das, worauf alles hinauszulaufen schien, war Projektion: Du erzählst mir deinen Traum und wir spielen ein Ratespiel. Ich projiziere meine gelernten und gelehrten Meinungen und Intuitionen auf deine Erfahrung. Sollte eine passen und du das Gefühl haben, sie war hilfreich, beschließen wir, dass wir die Bedeutung deines Traums verstanden haben. Je öfter ich das tat, desto anmaßender und hochtrabender fühlte sich diese Auffassung an. Ich wusste, dass ich weder Edgar Cayce noch Carl Jung war. Schlimmer noch, es fühlte sich entmündigend an. Dadurch, dass ich anderen die Bedeutung ihres Traums erklärte, machte ich sie abhängig von meiner Interpretation ihrer Wahrnehmung, die doch ganz allein ihnen gehören sollte. Unbewusst entmündigte ich diejenigen, die ich befähigen wollte. Als ich das verstanden hatte, begann ich nach Werkzeugen zu suchen, mit deren Hilfe sich die Träumer auf ihren eigenen Verstand als Führer verlassen konnten anstatt auf mich. Meine persönliche Erfahrung war, dass die Systeme der Traumsymbolik und das Studium kulturüberschreitender Archetypen nicht zum Ziel führten. Als Konsequenz dieser Feststellung untersuchte ich in dieser Zeitspanne zwischen 1974 und 1979 eine Reihe von Therapie-Formen, die nicht auf Träumen fußten und erhielt einiges an praktischer Erfahrung in psychodynamischen Herangehensweisen, Transaktionsanalyse, Rational Emotive Verhaltenstherapie, Wirklichkeitstherapie, Hypnotherapie, Gestalt-, und Psychodrama von Zerka Moreno, der beeindruckenden Frau des wild kreativen Jacob Moreno, der auch die Soziometrie erfand, ein therapeutisches Hilfsmittel, das wieder einmal meine Sicht auf die Welt veränderte.

Nachdem ich 1978 mit einem Mastertitel graduiert hatte, kehrte ich ins nördliche Arkansas zurück, entwarf und verwaltete ein Programm für eine örtliche multidisziplinäre Einrichtung für Schmerzmanagement und stellte Leute für das Gemeindezentrum für geistige Gesundheit ein. Da ich mich noch ein bisschen mit Weiterbildung nähren wollte, fand ich die in Kalifornien akkreditierte Columbia Pacific University, wo ich meine Arbeit zur Doktorarbeit weiterführen konnte. Ich entwarf und leitete geriatrische Programme für Lebensführung in der ganzen Gegend, die sich auf Stressbewältigung, Gewichtsreduzierung, Raucherentwöhnung und Leibesübungen konzentrierten. Außerdem legte ich den Entwurf des Programms und dessen Durchführung vor, die nötig gewesen waren, um ein ganzheitliches, stationäres Schmerzmanagement umzusetzen. Diese Arbeit war im Grunde genommen Gesundheitserziehung, und ich wurde 1981 mit einem Doktortitel für Ganzheitliche Gesundheitswissenschaft ausgezeichnet.

Zu jener Zeit bot ich ein Programm für ein örtliches multidisziplinäres Schmerzmanagement in Little Rock an. Mein graduierter Psychodrama- und Soziometrielehrer, Dr. Joe Heart, fragte mich, ob ich einen Beitrag über Schmerzmanagement und Soziometrie schreiben würde. Ich zögerte, bevor ich antwortete: "Joe, ich glaube nicht, dass ich das tun kann, aber ich glaube, ich kann etwas über Schmerzmanagement, Soziometrie und Traumarbeit schreiben." Die zukunftsträchtige Frage, die ich mir dann stellte, lautete: "Was wäre, wenn ich die Charaktere in meinen Träumen so behandelte als wären sie Mitglieder einer inneren sozialen Gruppe? Könnte ich mir nicht vorstellen, ein jeder von ihnen zu sein, sie befragen, was sie voneinander hielten und so zu einer anschaulichen Darstellung der Gruppendynamik gelangen, die durch ihre Vorlieben geprägt wurde?" Neugierig fing ich an, dieses Konzept auf meine Träume anzuwenden und war verblüfft, was ich herausfand. Die unterschiedlichen inneren Stimmen, die über ihre Vorlieben „sprachen" bezüglich dessen, was im Traum geschah, der ja ihre Welt war, taten dies in einer sehr eigenwilligen, diskreten Art, ganz anders, als ich es getan hätte. Ich stellte fest, dass ich die Bedeutung meines Traums nicht vorhersagen konnte, bevor ich nicht alle Stimmen gehört hatte. Meine Fähigkeit, Träume zu interpretieren, erwies sich als derart begrenzt, nur Teile erfassend, dass sie beinahe nutzlos war, verglichen mit der Weisheit und der Objektivität eines sich immer während verändernden Kaleidoskops innerer

Ansichten, die sich von den meinen unterschieden. Aus diesen Erfahrungen wurde eine Methodologie der Traumarbeit geboren, die sehr stark war. Sie basierte auf den Soziometriemethoden von J.L.Moreno, einem jüngeren Zeitgenossen Freuds, der das Psychodrama entwickelte und Fritz Perls Entwicklung der Gestalttherapie sehr beeinflusste.

Die Traumsoziometrie fragt: "Was passiert, wenn wir uns den Darstellern des Traums nähern, als wären sie Mitglieder einer inneren sozialen Gruppe? Was, wenn wir uns vorstellten, dass wir sie sind und sie nach den Vorlieben der anderen Traumcharaktere fragten, nach ihren Taten und Gefühlen?" Diesen Vorlieben werden numerische Werte zugeteilt, die in einem Gitter gesammelt werden, die wir Soziomatrix nennen. Diese Zahlenwerte lassen sich in einer kreisähnlichen Struktur veranschaulichen, komprimiert zu fünf Zahlenreihen, genannt Traumsoziogramm.[6] Ich war völlig überrascht über das, was ich entdeckte. Die Vorlieben, die von Autos, Flugzeugen, Bäumen, Hühnern, Hara-Kiri-Schwertern ausgedrückt wurden sowie von unzähligen anderen Traumcharakteren stimmten nicht mit meinen eigenen überein. Sie waren nicht nur anders als meine, ich konnte noch nicht einmal zuverlässig vorhersagen, was ihre Vorlieben sein würden oder wie letzten Endes ein Muster an Vorlieben unter den Charakteren aussehen würde. Traumcharaktere schienen einen eigenen Geist zu besitzen und zeigten eine Autonomie, die mich fortwährend erstaunte.

Vor dieser Zeit dachte ich, ich sei ein ganz passabler Interpret von Träumen. Ich hatte Jung gelesen. Ich hatte Joseph

---

[6]Ich habe all das in einer meiner Schriften, Traum Soziometrie, beschrieben.

Campell verdaut, Mircea Eliade, die Mythologie der Weltreligionen und Cayce' Informationen über Traumsymbolik. Ich hatte Inhaltsanalyse der Träume bei Bob Van de Castle an der Universität von Virginia studiert. Ich wusste alles über Montague Ullman's Traumgruppen und hatte einer Reihe von Konferenzen der „Association for the Understanding of Dreams" beigewohnt. Aber nichts von diesem Wissen half mir nun. Ich war mit dem unbestreitbaren Beweis konfrontiert, dass ich nicht nur keine Ahnung hatte, wovon meine Träume handelten, sondern dass es darin Charaktere gab, die ganz offensichtlich ein ganzes Stück klüger waren als ich! Was noch viel wichtiger war: Viele von ihnen erwiesen sich als toleranter mir gegenüber als ich selbst. Dieses Angenommensein aus mir heraus war zugleich unerwartet und nährend für mich, denn ich war zu der Zeit immer noch ein ziemlich selbstkritischer Mensch. Ich stellte fest, dass manche der Mitglieder meiner Traumgruppe mitfühlender waren als ich, wieder andere zeigten mehr inneren Frieden. Fast alle von ihnen hatten weniger Angst vor dem Tod, vor Verlust, vor Zurückweisung oder vor Versagen als ich. Wie war so etwas möglich?

Es gab viele Aspekte im Prozess der Befragung der Charaktere, die ich eine Zeit lang nicht verstand. Wie ich mir vorstellte, war ich erst der eine, dann der andere Traumcharakter und mir wurde klar, dass ich meine Selbstwahrnehmung erweiterte und mir die Eigenschaften, die sie verkörperten, einverleibte. Das geschah nicht intellektuell. Es war eine experimentelle, gefühlte Wandlung, die tief ging und mich veränderte. Ich akzeptierte mich mehr und mehr und wurde zunehmend zufriedener in mir selbst. Ich erlebte Aspekte meines Selbst, die sich in Eigenschaften begründeten, die ich heute für die Kernattribute eines authentischen, alles beinhaltenden potenziellen Selbst halte. Ich stand in Ehrfurcht vor meiner Erfahrung - ein Weg, zur Seite zu treten und sich selbst zutiefst zuzuhören. War das alles eine grandiose Projektion meines Unterbewusstseins oder ging da etwas Tieferes und Transformatives vor sich? Ich konnte es nicht mit Sicherheit sagen. Aber die praktische Nützlichkeit dessen, was ich zu hören bekam, erstaunte mich weiterhin. Meine Traumcharaktere zu interviewen, machte süchtig wie Popcorn essen. Es gab sogar Traumcharaktere, die mich schalten, ich arbeite zu hart an meinen Träumen und verlöre das Gleichgewicht im Leben!

1982 zog ich als Ergebnis eines Traums nach Phönix, Arizona, um als Psychotherapeut in der A.R.E. Klinik zu arbeiten. 1985 heiratete ich zum zweiten Mal und 1987 bekamen wir Kira, meine Tochter, die heute im Jahr 2007, 20 Jahre alt ist. Ich tat mich mit einem alten Freund zusammen, einem Psychologen, Lehrer und Kollegen der A.R.E, Dr. Herb Puryear, und wurde 1987 Hilfspfarrer und Verwalter einer ökumenischen Kirche in Scottsdale. Ich vertraute dem, was ich in mir selbst hörte nicht, und so teilte ich meine Arbeit der Traum Soziometrie jahrelang nicht mit Anderen. 1984 tat ich es dann doch mit Stanley Krippner und das führte zu einer Zusammenarbeit, einer gemeinsamen Autorenschaft: *„Dreamworking", Traumarbeit: Wie man seine Träume nutzt, um kreativ seine Probleme zu lösen.* Das Buch erhielt gute Kritiken, aber es sprach überhaupt nicht von meiner Arbeit. Während dieser Zeit entwarf ich einige hundert Traumsoziomatrizen und Traumsoziogramme an Hand meiner eigenen Träume und versuchte herauszufinden, wie und warum der Prozess funktionierte. Es brauchte gute zehn Jahre dieser persönlichen Arbeit bis ich genug Vertrauen hatte, den Prozess mit Klienten anzuwenden. Zu Beginn der neunziger Jahre expandierte ich mit meiner privaten Praxis und interviewte oft die Traumcharaktere meiner Klienten. Ich war ganz davon in Anspruch genommen, die Bedeutungen zu klären, die die Traumsoziometrie für die seelische Entwicklung, diverse geistige und körperliche Störungen, Meditation, kreative Problemlösungen, Beziehungen, Arbeit und Politik hatte.

Die Resultate waren verblüffend. Paare, die sich darum mühten, nach ehelicher Untreue wieder Vertrauen aufzubauen, stellten fest, dass sie Kontakt bekamen und dem authentischen Selbst des anderen vertrauen konnten, in dem sie *Dream Yoga* zusammen praktizierten. Menschen, die chronisch depressiv waren, waren in der Lage, Teile in sich zu erreichen und zu verstärken, die nicht depressiv waren. Menschen voller Sorge erweiterten die Selbstaspekte, die voll innerem Frieden waren. Eine Frau mit einer Agoraphobie, die jede Behandlung ausprobiert hatte und sogar einen internationalen Rundbrief für Agoraphobiker leitete, war in der Lage, ihr Haus zu verlassen und wieder ein normales Leben aufzunehmen. Menschen, die lernen wollten zu meditieren, konnten von Teilen in sich lernen, die sich in einem dauernden Zustand der Meditation befanden. Eltern und Kinder konnten den polarisierenden Eltern-Kind Rollenkonflikten entkommen, die gewöhnlich ihre Beziehung definierten. Menschen in tiefer Trauer über den Verlust eines geliebten Menschen, fanden eine neue, tiefe und anhaltende innere Verbindung mit ihnen durch *Dream Yoga*. Ich befragte Traumcharaktere zweier Träume eines tibetanischen Rimpoche, der seit seiner Kindheit viele Stunden täglich meditiert hatte. Die Tatsache, dass dieser Prozess ihm die

Augen öffnete für blinde Flecken, sagte mir, dass es sich um eine spirituelle Disziplin oder einen Weg handelte, bei dem es unwahrscheinlich war, dass man jemals über ihn hinauswuchs und der so grundlegend war, dass er kulturüberschreitende Bedeutung und Legitimität besaß.

Obwohl ich eine Menge schrieb und eine Reihe von Versuchen machte, meine Arbeit zu veröffentlichen, war die Methode derart experimentell, dass ich daran verzweifelte, ihre Wirksamkeit in Worten auszudrücken. Was sich stattdessen in dieser Zeit entfaltete, war ein weiter konzeptueller Kontext, in dem die Traumsoziometrie die zugrunde liegende, kaum ausgesprochene Methodologie war. Es wurde deutlich, dass der Weg, der durch die Methode enthüllt wurde, eine spirituelle Lebensschulung war, ein Weg, alte Wunden zu heilen, Ausgeglichenheit im täglichen Leben zu gewinnen und sich zunehmend zuerst mit den transpersonalen Sichtweisen zu identifizieren und dann mit einer Einheit non-dualer Göttlichkeit. Diese Methode schien in der Lage, Menschen heilen und integrieren zu helfen und ihr Leben von Grund auf zu verändern, ganz unabhängig vom Grad ihrer Entwicklung. Es war ein praktischer spiritueller Weg, der Menschen in Fühlung brachte mit authentischen, unsterblichen Eigenschaften und darüber hinaus ermöglichte er die Verbindung mit dem Göttlichen. Ich verstand, dass diese Arbeit deshalb eine Form des Yoga war und nicht lediglich ein Bearbeiten nächtlicher Träume. Es half den Menschen vielmehr, aus dem Traum des täglich gewohnten Blicks auf sich selbst und andere aufzuwachen, der Traum, in dem sie gefangen waren. Es fühlte sich nicht an, als sei es meine Arbeit. Ich spürte, dass ich über

Prinzipien und Methoden gestolpert war, die dem Menschen innewohnen und die rechtmäßig allen gehörten.

Je mehr Menschen *Dream Yoga* erlebten, desto offensichtlicher wurde es für mich, dass phänomenologisch kein Unterschied zwischen Traum- und Wacheigenschaften bestand. Wenn wir unsere unbewussten Mutmaßungen, wer wir und die anderen sind, bei Seite lassen, stellen wir fest, dass der Zustand, in dem wir in diesem Moment sind, unsere Wirklichkeit ist und die kann im direkten Widerspruch stehen zu all den bequemen Vermutungen, wer wir sind. Dies gipfelte in einer weiteren grundlegenden Erweiterung meiner Weltsicht. Die Identifizierung mit meinem wachen Selbst war dabei zu sterben; an seine Stelle trat eine Identifizierung mit einem immer während sich bewegenden und sich verändernden Kaleidoskop der Selbste, von denen viele weiser und freundlicher waren als „ich".

Im Jahr 2000 fing ich an, ein 200 Stunden Curriculum anzubieten, das zu der Bescheinigung *„Certificate of Excellence in Dream Yoga"* durch das *„Southwest Institute for Healing Arts"* in Tempe, Arizona führte. Die Absolventen heißen *„Dream Yoga Practitioners"*. Die Praktizierenden konnten sich auch ausbilden lassen zu anerkannten *Dream Yoga* Lehrern. Texte wurden zu den jeweiligen Kursen erstellt. U. a. *Transformational Dreamwork: Toward an Integral Approach to Dream Yoga; Dream Yoga; Dream Yoga Interviewing Techniques; Dream Sociometry; Dream Yoga and Healing; Dream Yoga Practitioner; and Dream Yoga and Meditation.* Mir wurde klar, dass eine einführende Arbeit zum Thema „Tiefes Zuhören" und speziell zum *Dream Yoga* nötig war. Das ist die Arbeit, die Sie gerade lesen.

Ich lade Sie ein, mich dabei zu begleiten, wie wir gemeinsam Ihren einzigartigen und authentischen Traum entdecken. Wenn er gewahr wird und sich in seiner Fülle in Ihrem Leben ausdrückt, dann möge er Ihre und die Welt all jener, die Sie berühren, erleuchten.

Übungen

Sie kamen mit einem einzigartigen Bewusstsein der Authentizität auf diese Welt. Was sind Ihre einzigartigen Gaben? Was sind Ihre Stärken?

Wie, glauben Sie sieht Ihr Weg zu einem authentischen, erfüllten Leben aus?

Wenn Sie Ihr Leben auf eine völlig authentische Weise leben könnten, sähen die Dinge dann anders aus? Falls ja, wie?

Kapitel 4

Warum stecken Menschen irgendwo fest?

Joanna legte ihren Kopf in ihre Hände und weinte: "Warum scheint sich nichts zu verändern, ganz egal, was ich tue? Ich versuche es so sehr! Aber ich lande immer bei irgendwelchen Typen, die noch vermurkster sind als ich es bin! Warum tue ich mir das immer wieder an?" Ein anderer Klient, Mike, schaute mich an und sagte: "Die Art, wie ich feststecke, ist ganz einfach. Ich habe früh gelernt, wenn ich das Beste von mir verlange, werde ich belohnt mit Lob und guten Noten. Jetzt bin ich der beste Arzt auf meinem Gebiet und ich kann nicht kürzer treten und das Leben genießen. Es ist als ob ich Angst hätte, schlimmer als nutzlos zu sein, wenn ich aufhöre, mich mental selbst zu peitschen!"

Zu dem einen oder anderen Zeitpunkt haben sich die meisten von uns in den Umständen ihres Lebens gefangen gefühlt, ob verheiratet oder alleinstehend, reich oder arm, jung oder alt. Dann, um Salz in offene Wunden zu streuen, werden wir oft noch zu Gefangenen unserer gewohnheitsmäßigen Reaktionen auf unsere Lebensumstände, was es noch schwerer macht, sie zu ertragen. Manche Menschen trinken aus einem tiefen Brunnen der Einsamkeit und Trauer, wieder andere machen sich dauernd Sorgen. Andere verbringen ihr Leben damit, in dem sie sich in die Arbeit stürzen, in Hobbys, Beziehungen oder Reisen, um das Gefühl des Steckenbleibens zu vermeiden.

Zum einen oder anderen Zeitpunkt, machen die meisten von uns etwas außerhalb unserer selbst für unsere Probleme verantwortlich. Wenn es nicht das Schicksal ist oder schlechte Gene, dann ist es unsere Erziehung, unsere Regierung, die wirtschaftliche Lage, andere Menschen, die uns zurückhalten, oder die schlechte Behandlung durch unsere Familie. Wenn diese Erklärungen nicht funktionieren, beschuldigen wir uns selbst. Wir sind Sünder, dumm, wertlos, oder wir haben einfach nicht das, was es braucht im Leben, um glücklich zu sein. Viele Religionen und „spirituelle" Lehren rechtfertigen das Beschuldigen anderer mit irrationalen und missbrauchenden Doktrinen wie die des Heiligen Kriegs oder der Erbsünde. Solchen Glaubenssätzen ist es bestimmt, zu den wunderlichen Mythologien gezählt zu werden, denn die Menschheit wächst schnell aus ihnen heraus, wie die leeren Kirchen in ganz Europa zeigen. Überall beginnen die Menschen zu verstehen, dass wir unsere Macht und die Kontrolle über unser Leben verschenken, wenn wir andere anklagen. Wenn ich die Ursache für dein Unglück bin, kannst du nicht glücklich sein, es sei denn ich ändere mich. Du hast mir die Macht gegeben, dich unglücklich zu halten. Solange du darauf bestehst, Politiker, Priester, Eltern, Lehrer, Vorgesetzte oder Gott zu beschuldigen, wirst du dich am Ende kontrolliert fühlen durch Individuen und Kräfte, die jenseits deiner Kontrolle liegen. Wenn andererseits du selbst die Ursache deines eigenen Unglücks bist, kannst du lernen, glücklich zu sein, wann immer du dich dafür entscheidest, unabhängig davon, mit welchen Menschen du umgehst oder von dem, was sie sagen oder tun. Du hast dir selbst die Macht gegeben, zu wählen, wer und wie du sein willst. Ähnlicherweise wachen Menschen überall auf und realisieren, dass die Selbstbeschuldigung so ist, als ob man

Höre ich mir selbst wirklich zu?

einen Maulesel peitscht, damit er schneller geht. Irgendwann hast du dann einen geschlagenen, gereizten, verstockten, gebrochenen Maulesel, der nicht in der Lage ist, vorwärts zu gehen, egal wie hart du ihn schlägst. In dem Maß, in dem die Menschen die Schuld aufgeben, wachsen sie über jene kulturellen Institutionen hinaus, die Schuld benutzen, um soziale Kontrolle aufrecht zu erhalten.

Sinnvoller, als die Zeit mit der Beschuldigung anderer oder seiner selbst zu verschwenden, ist es wenn Menschen lernen, *zuzuhören*. Wir beginnen zu verstehen, dass der Grund dafür, dass andere uns nicht zuhören, darin liegt, dass wir uns selbst nicht zuhören. Glauben Sie, dass Sie sich selbst wirklich zuhören? Kennen Sie ihre eigenen Gedanken? Wenn es eine Sache gibt, die Sie besonders gut können, dann die, mit sich selbst zu sprechen! Sie hören ihren eigenen Selbstgesprächen den lieben langen Tag zu. Nichts desto trotz ist dieses gewohnheitsmäßige Selbstgespräch nicht dasselbe, wie die Übung, sich selbst zutiefst zuzuhören. Der Grund weshalb die meisten von uns sich nicht wirklich selbst zuhören ist nicht, weil wir es nicht wollen oder es nicht versuchen. Das Problem ist, dass die meisten von uns nicht *wissen wie* man sich selbst zutiefst zuhört. Stattdessen hören wir täglich derselben inneren Stimme zu und nehmen an, dass sie das, was wir sind, repräsentiert. Und das tut sie eben nicht! Zu jeder Zeit spricht diese innere Stimme, von der Sie denken, dass sie „Sie“ ist, nur für eine Minorität der Ganzheit Ihres Selbst! Wenn Sie sich zum Beispiel entschließen, sich ein Mineralwasser zu holen, welchem Teil von Ihnen hören Sie dann zu? Repräsentiert diese Stimme die größeren Interessen Ihres Körpers und Ihres Geistes? Gewöhnlicherweise nicht! Wir treffen solche

Entscheidungen normalerweise auf Grund unserer momentanen Bedürfnisse. Während es sich so anfühlt, als gäbe es nur ein Selbst zu hören, ist das eine Illusion. Sie bestehen aus verschiedenen Selbsten und das jenige, was Sie gerade erleben, während Sie diese Worte lesen, unterscheidet sich radikal von dem, das Sie erlebten, als Sie heute morgen aufwachten.

Sie haben ein Wachbewusstsein davon, wer Sie sind, das Sie über die Jahre sorgsam aufgebaut haben, um sich Ihren einzigartigen Lebensumständen anzupassen. Doch Ihr normaler Wachstandpunkt repräsentiert nur eine von vielen legitimen Weisen, Ihr Leben zu sehen. Wir wissen, dass das wahr ist, weil wir unterschiedliche Menschen bei der Arbeit, zu Hause, in der Schule oder beim Freizeitvergnügen sind. Wenn wir verschiedene Rollen einnehmen, verändert sich auch unsere Wahrnehmung unserer selbst, und meistens ist uns das nicht einmal bewusst, obwohl es da eine eklatante Unvereinbarkeit geben mag zwischen dem, der wir zu Hause sind und dem bei der Arbeit, mit Freunden oder mit unserem Arbeitgeber. Diese verschiedenen Rollen formen zusammen Ihre Wachpersönlichkeit oder Ihre Maske. Der Grund, weshalb Sie stecken bleiben ist der, dass Sie fixiert bleiben auf diese gewohnten Rollen, aus denen sich Ihre Wachpersönlichkeit zusammensetzt. Sie formen eine bequeme Abhängigkeit und Sie wissen nicht, wie Sie sich davon losreißen sollen. Ein Mensch hat vielleicht gelernt, dass es eine effektive Möglichkeit war, wütend zu bleiben, um mit der Ungerechtigkeit eines Missbrauchs in der Kindheit umzugehen. Ein anderer lernt, dass es belohnt wurde, niemals wütend zu sein. Beide werden unvorbereitet auf das Leben sein, wenn sie erwachsen sind.

Ersterer, weil er sich unnötigerweise Menschen entfremdet, während der zweite nicht wissen wird, wie man mit der Wut in anderen oder in sich selbst umgeht. Chronische Identifizierung mit den vielen Wachrollen, die Ihre Wachidentität bedeuten, ist Ihre Kernabhängigkeit und andere Abhängigkeiten wie Alkoholismus und Drogenabhängigkeit, Co-Abhängigkeit, Abhängigkeit von Sex, Essen und Aufopferung sind lediglich deren Symptome.

Sie mögen vielleicht denken: "Sicherlich besteht die Lösung des Durcheinanders meiner vielen inneren Lebensrollen darin, eine durchgängige Sicht der Welt zu entwickeln, die sich auf das bezieht, was real oder praktisch ist." Dieses Denken steckt hinter dem unitarischen Konzept von Seele und Gott. Wenn wir einfach nur diese *eine* Perspektive finden können, die *echt* und *wahr* ist, werden alle unsere Probleme vorbei sein! Die Geschichte ist voller Menschen, die sich so sicher waren, die *Eine Wahrheit* gefunden zu haben, dass sie diese allen um sich herum andrehten. Hier ist das schmutzige kleine Geheimnis: Die Notwendigkeit *Einer Realität* und *Einer Wahrheit* beruht auf Angst und Unsicherheit. Der Glaube, die *Eine Realität* und die *Eine Wahrheit* zu besitzen, zieht immer Größenwahn, Arroganz und Hochmut nach sich. *Dream Yoga* bietet eine alternative, gegensätzliche Anschauung dieser grundlegenden menschlichen Verletzlichkeit. Es ermutigt Sie, auf eine Menagerie innerlich zusammenhängender sich oft widersprechender Standpunkte zu hören und sie zu umarmen. Wie soll denn das helfen? Wie könnte die Lösung in der Kultivierung noch weiterer Rollen liegen, wenn die bereits vorhandenen endlose Verwirrung stiften? Das Problem ist, dass jede Perspektive letzten Endes eine Begrenzung und eine Illusion ist, die

Möglichkeit des Rollenwechsels, wo er angebracht ist, aber eine Form der Flexibilität bedeutet, die Freiheit erschafft. Die Fähigkeit, von einer Rolle in die andere zu wechseln, ist jedoch nicht zu verwechseln mit ethischem Relativismus. Ganz im Gegenteil bietet es Ihnen einen Weg, mit einem Gefühl des Selbst Kontakt aufzunehmen, das noch tiefer liegt und alle möglichen Rollen, Perspektiven und Weltanschauungen durchdringt. Es handelt sich um eine Strategie, die Ihnen hilft, Ihr authentisches Selbst zu finden und durch es zu leben.

Aus einer tiefen Unzufriedenheit mit den Wegen, die mein Wachstum in die Hände von Fachleuten, Gurus, Hellsehern und Übersetzern legte, kam ich zum *Dream Yoga*. Ich war nicht nur durch und durch überzeugt, dass meine Wachidentität zu beschränkt war, das „große Bild" meines Lebens zu sehen, sondern ich war sehr skeptisch gegenüber den Wahrheiten, die andere beanspruchten. Ich sah wie Edgar Cayce, so akkurat er auch sein konnte hinsichtlich körperlicher Gebrechen, äußerst ungenau sein konnte, was Ölquellen in Texas und Veränderungen der Erde betraf. Ich sah wie erleuchtete Meister, wenn ausreichende Daten über ihr privates Leben zur Verfügung standen, sich als mit ernsthaften persönlichen Makeln behaftet erwiesen. Ich sah, wie viele Menschen ihr Leben damit verbrachten, von einer Beziehung zur anderen zu rennen, von einer Stadt zur anderen, von einem Job zum nächsten, von einem spirituellen Lehrer zum nächsten, nur um alsbald jeden in tiefer Enttäuschung zu verlassen.

Als ich die letzten Collegetage an der Universität von Austin mit Freunden von der A.R.E. verbrachte, lernte ich einen Menschen mit übersinnlichen Fähigkeiten näher kennen, dem ich zuvor auf der Reise in den Nahen Osten im Alter von dreizehn Jahren begegnet war. Sein Name war Ray Stanford und er war ein bemerkenswerter Mann. Er konnte sich hinlegen, in Trance fallen und weissagen, wie Cayce es tat, meistens betraf es aber vergangene Leben, momentane Lebensumstände und zukünftige Trends und nicht unbedingt körperliche Gesundheitszustände. In einer Weissagung erzählte mir Ray, ich sei vor mehr als hundert Jahren Pfarrer in Neuengland gewesen. Es muss Anfang oder Mitte des achtzehnten Jahrhunderts gewesen sein, denn der Weissagung nach war ich einer der ersten englischen Übersetzungen hinduistischer Schriften begegnet. Die Wahrheit der Reinkarnation schien mir selbstverständlich und in meiner Aufregung begann ich ein sehr dummes Unterfangen: Ich fing an, Reinkarnation von der Kanzel zu predigen! Ich wusste die Wahrheit und musste andere davon überzeugen. Das Resultat war, dass ich buchstäblich geteert und gefedert und mit Schimpf und Schande aus der Stadt getrieben wurde! Diese Ablehnung und Erniedrigung berührten mich so tief, dass ich mit einem starken Misstrauen gegenüber Autoritäten in dieses Leben kam und einem Unwillen, meinerseits Positionen der Autorität über andere einzunehmen. Auf einer sehr ursprünglichen Ebene vertraute ich mir selbst nicht.

Nun, ich weiß nicht, ob dies wirklich geschah oder ob diese Geschichte eine angenehme Weise war, zum Teil zu erklären, auf welche Art ich die Welt wahrzunehmen neigte. Auf jeden Fall war die Wahrheit, dass ich äußerst interessiert daran war, verlässliche innere Quellen in mir zu suchen, die mich und andere führen konnten. Während dieses Misstrauen in Führung durch äußere Quellen für eine Reihe von Problemen in meinem

Leben sorgte, half es mir auch, denn es ließ in mir das starke Verlangen entstehen, Ansätze spiritueller Entwicklung zu finden, die nicht von der Weisheit oder der Intuition anderer abhängen. *Dream Yoga* ist solch ein Ansatz.

Dream Yoga hat mir geholfen, meine Begrenzungen und Defizite als wichtige Verbündete und spirituelle Lehrer sehen zu lernen. Dasselbe kann es für Sie tun. Natürlich gibt es einige Umstände im Leben, die außerhalb Ihrer Kontrolle liegen und die sich nicht ändern werden, nur um Sie glücklich zu machen. Sie können jedoch immer entscheiden, wie Sie diese Situationen begreifen. Andere Teile Ihrer selbst, „Selbst-Aspekte" genannt, „Unterpersönlichkeiten", „Charaktere", oder „Traumgruppenmitglieder" stecken nicht fest wie Sie, denn sie betrachten Ihr Leben aus einer relativ autonomen Perspektive. So wie Sie lernen, Ihre Welt mit ihren Augen zu sehen, hören Sie auf, festzustecken. Sie stehen sich selbst nicht länger im Weg. Ihr Leben beginnt zu fließen!

Wieder vorwärts zu kommen ist der fundamentale Prozess, sich nicht länger mit dem „du" zu identifizieren, das stecken geblieben ist und zu den Aspekten des Selbst zu werden, die nicht stecken geblieben sind. Auf welche Weise Sie auch immer feststecken, Sie müssen es nicht bleiben. Es gibt viele Teile in Ihnen, die in diesem Augenblick nicht verwundet, verwirrt oder versteinert sind. *Dream Yoga* bringt Sie in Verbindung mit den Teilen in Ihnen, die nicht fest stecken und zeigt Ihnen, wie Sie denen, die es tun, respektvoll zuhören können.

Joy, eine Studentin, die Kinder großgezogen hatte und sich von einer traumatischen Scheidung von einem evangelischen

Pfarrer gerade erholte, teilte einen Traum mit, der sich seit ihrer Kindheit in den späten Vierzigern wiederholt hatte. In dem Traum war sie auf dem Weg zur Schule in einem Bus und bemerkte, dass sie ihre Schuhe vergessen hatte. Sie hatte große Angst, dass ihre Eltern sie für ihre Gedankenlosigkeit bestrafen würden. Als Studentin des *Dream Yoga*, stellte Joy sich vor, sie sei der Schulbus. Der sagte: "Joy hatte diesen Traum, weil sie das Gefühl hatte, keine Kontrolle über eine ganze Reihe von Dingen in ihrem Leben zu haben, gleichzeitig aber von ihr erwartet wurde, für alles verantwortlich zu sein. Als kleines Mädchen musste sie Verantwortung übernehmen. Sie muss jetzt als Erwachsene gar nicht mehr für alles verantwortlich sein, aber sie hat noch immer das Gefühl, es zu sein." Das war eine Offenbarung für Joy. Sie sagte: "Meine Eltern halten mich als Erwachsene noch immer für alles verantwortlich, was passiert! Die Schuhgeschichte ist nämlich die: Wenn ich mich nicht verantwortlich fühle, dann fühle ich mich schuldig und habe ein tiefes Gefühl der Verantwortungslosigkeit. Als ich aber zum Schulbus wurde, war mir klar, dass das Vergessen der Schuhe nicht das Ende der Welt bedeutet!" Mit dieser Erkenntnis ging dieser Traum, der fast ihr ganzes Leben bei ihr gewesen war.

Durch *Dream Yoga* hatte Joy einen neuen, befreienden Weg kennen gelernt, ihr Leben anzuschauen, der es ihr erlaubte, die Kritik anderer nicht zu vermeiden und noch wichtiger, auch nicht ihre eigenen Gefühle der Verantwortungslosigkeit und Schuld. Sie brachte *Dream Yoga* in ihr Leben ein, in dem sie sich in jenen Lebenssituationen, in denen sie sich selbst beschuldigte vorstellte, sie sei der Schulbus. Denn der Schulbus machte ihr keine Vorwürfe und er war ein Teil von ihr, der sich keine Vorwürfe machte. Die tägliche Übung, sich in den Schulbus zu verwandeln, erlaubte ihr letztlich, aus einer lebenslangen Abhängigkeit von kritisierenden Gefühlen heraus zu wachsen, die sie zurückgehalten hatten.

Carla träumte, dass ein Lehrer ihr sagte, sie sei blockiert. Ihre Widerstände gegen Veränderung seien wie ein Stein, von dem andere glaubten, er solle weggerückt werden. Der Stein sagte: "Ich bin so groß wie ein Findling, zu groß um bewegt zu werden. Ich bin ein Stein, so wie einer von denen, mit denen man Feuerstellen umgibt. Ich bin vor Carla. Es ist meine Aufgabe, sie davon abzuhalten, Fehler zu machen, wenn sie vorwärts geht. Ich mache meine Arbeit gut. Ich finde mich selbst ziemlich gut. Wenn ich nicht da wäre, könnte sie verletzt werden. Das wäre dann mein Fehler. Ich würde mich schuldig fühlen. Ich will nicht dafür verantwortlich sein, dass sie verletzt wird." Carla begann zu sehen, dass ihr Widerstand gegenüber Veränderung eine Strategie der Anpassung war, sie vor Versagen zu schützen. Als er gefragt wurde, welchen Teil von Carla er höchstwahrscheinlich repräsentiere, sagte der Stein: "Am stärksten personifiziere ich Carlas Sturheit. Ich bin ganz in mir drin. Ich bin ganz schön mächtig! Wenn Carla sich die ganze Zeit so fühlen würde wie ich es tue, würde sie bekommen, was sie will. Ich fühle mich sicher. Es ist mir egal, was andere Leute sagen oder denken. Ich bin hier; sie sind dort. Wenn sie ihr Leben so leben würde wie ich meines, dann wäre sie nicht die ganze Zeit so angepisst. Sie würde nicht alles persönlich nehmen! Je mehr Carla über sich selbst lernt, desto öfter wird sie Erfolg haben, aber wenn sie erfolgreich ist, bin ich meinen Job los! Carla braucht mich, um sich sicher zu fühlen!" All das war eine Überraschung für Carla. Nachdem sie alles verarbeitet hatte, sagte sie: “Was ich mich selbst habe sagen hören, ist, dass es einen Teil in mir gibt, der sich nicht vorwärts bewegen will, weil es zu riskant ist! Es ist besser zu Hause zu bleiben!“ Durch diese Erfahrung sah Clara recht deutlich, wie sie als Kind gelernt hatte, dass, wer nichts riskiert auch nicht versagen kann und nicht zurückgewiesen wird. Sie sah, wie sie sich im Sinn einer adaptiven Strategie mit einer sturen, widerständigen Rolle und einem bestimmten Selbstverständnis identifiziert hatte. Sie beschloss, den Rat des Steins anzunehmen und zum Stein in ihrem täglichen Leben zu werden. Bemerkenswerterweise ist dies gegen die Intuition, da der Stein ihren Widerstand repräsentiert. Bemerkenswert ebenso, dass der Stein selbst nicht feststecken muss, um sich sicher zu fühlen oder die Dinge nicht persönlich zu nehmen. Paradoxerweise besitzt Carla so sowohl ihren Widerstand gegen Veränderung und transzendiert ihn gleichzeitig. Als sie anfing, zum Stein in ihrem Leben zu werden, berichtete Carla, dass es sie weniger kümmerte, was die anderen dachten. Da sie sich weniger darum scherte, wie andere ihr Leben beeinflussten, hatte sie eine größere innere Ruhe. Carlas Stein stellt ein exzellentes Beispiel dar, wie wir uns einerseits festbeißen und wie unser Widerstand andererseits der Schlüssel zu unserem Wachstum ist. Es ist auch ein Beispiel dafür, wie schnell und einfach die Lösung, die wir suchen, zur Hand ist, wenn wir einfach üben, uns selbst mit der Hilfe des *Dream Yoga* zutiefst zuzuhören.

Louise war eine wunderschöne, schwarze Frau mittleren Alters, die in einem Vorortghetto groß geworden war. Obwohl sie eine erfolgreiche Bildhauerin war, steckte sie in einem lebenslangen Muster mentalen Selbstmissbrauchs fest, das noch durch eine

Kopfverletzung verschlimmert wurde, die ihr zustieß, als ihr der Ast eines Baums auf den Kopf fiel. Sie bezog sich auf einen Traum, in dem sie einen großen Haufen Spucke auf dem Bürgersteig sah. Sie bekam etwas davon auf ihren Schuh, was ekelhaft genug war, sich an diesen Traum zu erinnern und sie neugierig zu machen. Als sie sich vorstellte, die Spucke zu sein, sagte sie: "Ich weiß, ich bin eine widerliche Unannehmlichkeit für die Leute! Ich bin hässlich! Ich weiß, ich bin das Schlimmste, nach mir kommt nur noch menschlicher Abfall! Ich mag die Wirkung, die ich auf Leute habe, weil ich ein widerlicher Glibberklumpen bin!" Louise fiel es wirklich schwer zu glauben, dass es einen Teil in ihr gab, der von ihr eine so schreckliche Vorstellung hatte. Die Spucke fuhr fort: "Ich habe akzeptiert, wer ich bin, also kann ich genau so gut Spaß daran haben. Mein Leben ist sehr kurz und da kann ich genau so gut tun, was immer ich will. Ich stelle den Teil in Louise dar, den sie loswerden möchte, den sie nicht anerkennen will, ihre Unsicherheit, ihre Unfähigkeit die Menschen davon abzuhalten, ihr anzutun, was immer sie ihr antun, ihre Ängste. Ihre Lebensthemen sind ihre Unsicherheiten, ihre Mutter, die Art, wie sie anderen Menschen erlaubt sie zu behandeln, ihr Mangel an Selbstrespekt. Meine Stärken sind meine Hässlichkeit, meine Widerwärtigkeit. Das ist alles, was ich zum Arbeiten habe. Ich arbeite mit dem, was ich habe. Was ich vom Leben bekomme, ist die Reaktion der anderen Leute auf meine Hässlichkeit. Wenn ich vulgär bin und nichts dagegen tun kann, dann kann ich wenigstens von dem Ekel profitieren, den ich in anderen hervorrufe."

Louise war entsetzt, als ihr klar wurde, dass sie so über sich selbst dachte! Sie hatte keine Ahnung, dass tief in ihr solch ein verurteilendes, selbstkritisches Konzept herumlungerte! Aber Louise hatte nicht viel Gelegenheit, sich selbst zu züchtigen, weil sie solche Dinge über sich sagte, denn die Spucke fuhr fort, Louise einige Vorschläge zu unterbreiten, wie sie sich von ihrem Feststecken lösen könne: “Was ihre Lebensumstände betrifft, ist ihre Mutter negativ. Sie wird Louise überhaupt nicht helfen. Louise sollte weniger an ihre Mutter denken. Sie sollte sich überhaupt nicht schuldig fühlen, wenn sie nicht an ihre Mutter denkt. Ich fühle mich wegen gar nichts schuldig, weil ich Spucke bin. Ich hätte gern, dass Louise freier lebt und die Dinge mehr genießt.“

Die Spucke eröffnete Louise eine Perspektive, die sie einnehmen konnte, wenn sie sich schuldig fühlte, ihre alte Mutter nicht anzurufen, die sie nur kritisierte. Das ist interessant, denn gewöhnlich denken wir, es sei spiritueller, die Bedürfnisse der anderen vor unsere eigenen zu stellen. Dies zu tun ist aber nicht spirituell, wenn es bedeutet, unsere eigene Seele zu verleugnen oder zuzulassen, dass sie von anderen missbraucht wird. So seltsam es scheinen mag, durch die Vorstellung, sie sei die Spucke, lernte Louise sich zu akzeptieren für das, was sie war und sich nicht dafür schuldig zu fühlen. Sie fing an, sich vorzustellen, sie sei Spucke! Anstatt sich abscheulich und abstoßend zu fühlen, wie man es erwarten könnte, passierte etwas Wunderbares. Louise entwickelte sich dahin, sich selbst genau so zu akzeptieren, wie sie war, mit allen Schwächen und Fehlern. Da es unmöglich ist, tiefen inneren Frieden zu erleben ohne sich selbst zu akzeptieren, war das eine transformative Veränderung für Louise.

Klar, sich in Spucke zu verwandeln, würde für Sie und mich wahrscheinlich nicht funktionieren, aber wir sind eben nicht Louise. Sie hatte bereits in sich selbst dieses einzigartige Bild, Selbstaspekt, Rolle, Subpersönlichkeit, Personifizierung – wie immer man es nennen will – das genau das war, was sie brauchte, maßgeschneidert für ihr Bewusstsein, denn es war das Produkt ihrer eigenen, spontanen, tiefen inneren Wahrheit.[7] Aus diesem Grund ermutigt *Dream Yoga* Studenten und Klienten, sich vorzustellen, sie seien Verkörperungen von Gefühlen oder körperlichen Symptomen und nicht nur dazu, diesem oder jenem Traumcharakter eine Stimme zu verleihen. Zu den spontanen Bildern zu werden, die unser tiefes inneres Wesen hervorbringt, ermutigt uns, ein Gefühl des Selbst zu besitzen, dass viel größer, viel großartiger ist als unser kleines, verarmtes, ängstliches und kurzsichtiges Ich. Zwar ist es nicht rational, Spucke zu sein, aber es ist auch nicht irrational, denn was Spucke sagte, hatte den Kern der Wahrheit für Louise. Spucke zu werden, war transrational. Es brachte Louise in Verbindung mit einem potenziellen, unbemerkten Aspekt ihrer selbst. Wenn Sie das auch lernen, können die Ergebnisse wahrlich transformativ sein.

---

[7] Ich will damit nicht andeuten, dass „Spucke" irgendein latenter, bereits bestehender Archetyp in Louise war, der nur auf seine Entdeckung wartete. Die Art, wie sie feststeckte als auch die Lösung hätte wirksam auf vielerlei Art verkörpert werden können. Von selbst entstandene bildliche Vorstellungen, unabhängig ob sie aus einem Traum stammen oder einer wachen Visualisierung, neigen dazu, ein spontaner, authentischer und im hohen Maß persönlicher Ausdruck unserer einzigartigen Lebensumstände zu sein, sie sind willkürlich und dennoch von tiefer innerer Resonanz.

Wie anders könnte Ihr Leben aussehen, wenn Sie dauernd in Verbindung wären mit den Bereichen in sich, in denen nichts fest steckt? Wie anders könnte Ihr Leben sein, wenn Sie beiseite träten und den freien Aspekten Ihres Lebens, die Begabungen haben die Ihnen fehlen, erlaubten Ihr Leben zu führen? Wie anders sähe Ihr Leben aus, wenn Sie alltäglich in Beziehung stünden mit Ihren persönlichen Musen und deren praktischen Ratschlägen für Ihre Lebensführung zuhörten? Niemand kann sagen, wie diese Anteile sich Ihnen repräsentieren. Offenbarungen und wirkliches Wachstum kommen kaum jemals von einer erhabenen Gottheit, einem Engel oder einem Außerirdischen. Das ist die spielerische, schrullige, herausragende, wunderschöne Aufgabe des *Dream Yoga*. Ihre transformativen Potenziale mögen sich in Ihrem Leben vielleicht als griesgrämige Giraffe, grüner Schneeball, tauchender französischer Pudel oder Toilettensitz aus Pfauenfedern zeigen! Es fällt einem schwer, das Leben zu melodramatisch zu sehen, wenn man sich gerade vorstellt, eine eingetopfte Begonie oder ein Ameisenbär zu sein!

Es ist egal, ob es einem lächerlich vorkommt, wenn man zu einem Teil von sich wird. Es ist egal, ob der Charakter Ihnen bedrohlich vorkommt, so wie die Spucke es für Louise war oder wie es Monster aus Albträumen sein mögen. Humor und glücklicher Zufall können Ihrer grüblerischen rationalen Seite eine Auszeit geben. Einfach über die erstaunliche Kreativität Ihres eigenen inneren Traumlebens lachen zu können ist wichtiger Teil des Lernens, sich selbst und Ihre täglichen Herausforderungen nicht gar zu ernst zu nehmen. Es hilft Ihnen, die Absurdität des Lebens zu schätzen. Alles, worauf es ankommt ist: *Wenn Sie sich in die Anteile in sich selbst verwandeln, die nicht blockiert sind, befreien Sie sich selbst in dem Maß, in dem Sie sich in sie verwandeln.* Es handelt sich nicht um ein intellektuelles Verstehen, sondern um ein experimentelles Gewahrsein, einen so genannten *gefühlten Positionswechsel.* Mag er auch ziemlich unbeschreiblich sein, so ist er doch nicht zu leugnen. Auch wenn es magisch und manchmal sogar mystisch zu sein scheint, es ist weder Magie noch mysteriös. Es ist sehr real und steht Ihnen jetzt sofort zur Verfügung. Es erfordert keinen veränderten Bewusstseinszustand, obwohl es ein anderer und mächtiger transformativer Weg ist, Ihr Leben zu betrachten. Leiden steht Ihnen frei aber *Dream Yoga* kann Sie in Verbindung bringen mit den Teilen in Ihnen, die nicht nur keine Schmerzen haben, sondern überhaupt keine Abnutzungserscheinungen.

Um es zusammenzufassen, *Dream Yoga* ist der Kern einer integralen Lebenspraxis des tiefen Zuhörens. Es ist die Kunst, zu anderen autonomen inneren Perspektiven zu werden, die authentisch die Ihren sind und ihnen eine Stimme zu geben. Wie wir gesehen haben, werden sie Empfehlungen abgeben, die Gebote oder Anweisungen für eine positive Veränderung sind. Wenn Sie diejenigen anwenden, die Ihnen nützlich scheinen, wird *Dream Yoga* sich Ihnen als starke Methode für eine persönliche Entwicklung erweisen. Sie werden Sichtweisen verinnerlichen, die Ihren Geist befreien und Ihre Anschauung erweitern. Sie werden sich nach und nach von Ihren typischen Wacheigenschaften und Anschauungen befreien, während Sie sich alternative Weltanschauungen einverleiben, die Ihre Heilung, Integration und Transformation fördern.

Übungen

Was sind in Ihrem Leben die häufigsten Arten, irgendwie stecken zu bleiben?

Welche Strategien haben Sie versucht, um sich zu befreien?

Was scheint am besten für Sie zu funktionieren?

Wie sabotieren Sie Ihre Anstrengungen sich zu befreien?

Hören Sie Ihrem tiefen inneren Selbst zu?

Wie wüssten Sie, ob Sie es getan haben oder nicht?

Kapitel 5

Die Magie des tiefen Zuhörens

Wir brauchen sowohl die Heilung unserer Wunden wie das Erwachen unserer Potenziale, wenn wir auf unserem Lebensweg Ganzheit finden wollen. Natürlich liegt die Lösung darin, wenigstens auf grobe Weise, die ganze Spanne unseres eigenen Wesens kennen zu lernen. Das ist der Sinn des *Dream Yoga*. Aus unbewusster Inkompetenz bringt es jene Selbst-Aspekte hervor, die Heilung brauchen. Da sind die Teile in uns selbst, die im Keller unseres Geistes eingesperrt worden sind, aus Angst, Unwissen oder weil wir von anderen Interessen in Anspruch genommen wurden. Dort warten sie in der Finsternis, verstoßen und abgelehnt, manchmal mit den Ketten rasselnd und gelegentlich schaffen sie den Weg nach oben im Dunkel der Nacht, um unseren Geist und unseren Körper heimzusuchen. Ohne Zugang zu unseren Selbst-Aspekten, die Heilung brauchen, bleiben wir wandernde Verwundete, Seeanker hinter uns herschleifend, während wir durch die turbulenten Gewässer unseres Lebens segeln.

Es gibt andere Teile in uns, die unsere Potenziale personifizieren. Als persönliche Musen, sind sie kompetenter als wir für gewisse Bereiche der Herausforderungen des Lebens. Doch bleiben wir ihnen gegenüber unbewusst, abgeschnitten von der Vision, der Inspiration und der Führung, die wir brauchen. Sie sind wie Bergführer, die vom Gipfel aus unseren Weg sehen, wo wir nichts sehen, weil wir im Sumpf des Lebens feststecken. Ohne ihre Unterstützung ist unsere Entwicklung langsamer, versunken in Schlamm und Gestrüpp, während wir nach den Schlangen und Alligatoren in unserem Leben Ausschau halten und uns mit einer Vielzahl von Sorgen und Ärgernissen herumschlagen, die wie verflixte Moskitos und Fliegen sind. Verloren im Wirrwarr unseres täglichen Lebens fehlt uns eine Gipfelperspektive, die wir brauchen, um zu sehen, wo wir sind und wo es hingehen soll. Weil wir nicht sehen können, wo wir sind, wo wir hingehen oder was der beste Weg voran ist, machen wir viele unnötige Umwege auf unserem Lebensweg. Sind wir allein und verlassen uns auf unsere eigene Erfahrung, setzen wir uns wahrscheinlich unrealistische Ziele. Sind wir mit anderen zusammen, die genauso verloren sind wie wir, fühlen wir uns vielleicht sicherer, aber das Ergebnis wird dasselbe sein: Eine Menge Anstrengung ohne wirklich bedeutenden Fortschritt. Vielleicht gehen wir den Berg hinunter, weil es einfacher ist, auch wenn bergauf gehen viel kürzer wäre. Wie wertvoll wäre es unter solchen Umständen, einen verlässlichen Führer zu haben? *Dream Yoga* ist so als hätte man Gipfelführer, die einem sagen, wo man sich im Sumpf seines Lebens befindet und wie unser eigener, einzigartiger Pfad aussieht, der voran führt.

Anders als psychotherapeutische Intervention, identifiziert und verstärkt *Dream Yoga* zuerst die Potenziale, die Sie brauchen und verankert sie dann in Ihrem Leben. Anders als die Meditation, identifiziert, neutralisiert und integriert *Dream Yoga* festgefahrene Selbst-Aspekte in Ihr größeres Selbstbewusstsein. So wichtig anerkannte Autoritäten auch sein mögen, Ihr inneres Selbst kennt Sie besser als es Führer, Pfarrer, Gurus und Eltern jemals können. Als Ergebnis erhalten Sie nicht nur die Rückmeldung derer, die Sie respektieren, sondern ebenso die andauernde objektive Rückmeldung zu

Ihrem Fortschritt durch anerkannte und authentische innere Quellen, die Ihnen die Richtung weisen.

Lassen Sie uns als Beispiel eine kleine Diskussion mit einem jener Alligatoren führen, die da in dem Sumpf herumlungern, von dem wir gerade sprachen. Ich habe ihn geschaffen, also ist er ein Teil meines Lebenstraums. Was hat dieser Alligator, falls er überhaupt irgendetwas zu sagen hat, über mein Leben zu sagen? Beginnen wir, in dem wir ihm drei Lebensthemen geben, auf denen er herumkauen kann...

1) *Dream Yoga* verbreiten; es anderen leichter zugänglich machen, vor allem Multiplikatoren, die es innerhalb ihres Einflussbereichs verbreiten können
2) Größere Selbstdisziplin in der Meditation
3) Mit der Arbeit Schritt halten, die anliegt, Tag für Tag!

Alligator, was magst du an dir selbst am liebsten?

Alligator: Was ich mache, das mache ich gut. Das heißt, die meiste Zeit stelle ich mich tot, bis ich essen muss und dann... SCHNAPP! Mittagessen!

Alligator, gibt's irgendetwas, was du nicht an dir magst?

Alligator: Nein. Ich kenne meinen Platz im Plan der Dinge und ich erfülle mein Dharma.

Alligator, wie kannst du solche buddhistischen Sachen sagen? Du bist doch bloß ein Alligator!

Alligator: Nicht wirklich! Ich bin ein Teil von dir, eine Kreation deines Geistes und ein Bewohner deiner mentalen Welt, denn du hast mich erfunden. Ich bin nicht einfach ein biologischer Organismus, obwohl ich eine Personifikation einiger solcher Eigenschaften bin. Also haben meine Antworten den Vorteil deines Wissens und sie reflektieren es, aber sie sind nicht darauf begrenzt, weil ich ein halb autonomer Teil von dir bin. Ich denke nicht immer so wie du und teile nicht immer deine Vorlieben. Und nur weil du vielleicht denkst, ich sei eine Personifikation von MacLean's Ur-Reptiliengehirn, habe ich Gedanken und Anschauungen, die nur in einem Neo-Cortex existieren können!

OK, Alligator! Also welchen Teil von mir personifizierst du am ehesten?

Alligator: Ich personifiziere einen Teil von dir, der nur wenige Bedürfnisse hat, der passiv zu sein scheint, der aber tatsächlich ziemlich selbstsicher, ja sogar aggressiv ist, aber nur wenn es nötig ist. Wenn ich nicht beim Essen bin, bin ich sanft und friedlich. Ich personifiziere auch einen Teil von dir, der dir primitiv erscheint, ursprünglich und sogar grausam, aber Tatsache ist, es handelt sich um eine übersehene Kapazität für Entschlossenheit und Inneren Frieden. Ich brauche ganz gewiss keine Heilung. Ich bin einfach okay so wie ich bin! Wäre gut, wenn du deine Bedürfnisse genau so gut stillen könntest wie ich!

Alligator, wenn du meine visuelle Vorstellung, wie ich in meinem Lebenssumpf herumtrample und auf dich treffe, irgendwie verändern könntest, wie würde das aussehen?

Alligator: Du solltest dein Mobiltelefon anlassen, damit du jederzeit mit den Beobachtern auf den Gipfeln der umgebenden Berge kommunizieren kannst. Sie können sehen, wo du bist und wo du hin musst. Das kannst du nicht selbst machen, hier unten in diesem Sumpf. Aber noch besser wäre, so würde ich das verändern, du könntest hier herausschweben und um dich schauen, um zu kriegen, was du brauchst, wann immer. Hey - das ist meine Phantasie – warum nicht?? Was mich betrifft, mich kümmert es nicht wirklich. Ich bin glücklich. Du störst mich nicht. Ich muss mir kein Stück aus dir heraus beißen. Ich hab hier draußen genug zu essen. Außerdem bezweifle ich, dass du gut schmeckst.

Alligator, wie würdest du dich selbst beurteilen auf der Skala von 0-10, auf den folgenden Gebieten?

Vertrauen: **10**

Mitgefühl: **6** Hör mal, ich weiß, ich scheine nicht sehr mitfühlend zu sein. Aber ich esse nur das, was ich brauche, ich ziehe nicht in den Krieg, ich lüge nicht, ich verfluche keine Leute, und ich bin mir selbst gegenüber nicht auf einem Schuldtrip. Ich akzeptiere mich selbst und andere für das, was sie sind. Also liegt das Problem nicht bei mir und meinem Verhalten, sondern bei deiner Art, Mitgefühl zu beurteilen.

Weisheit: **10** Hast du DEIN Leben so gut beieinander wie ich meines? Ich bezweifle es.

Akzeptanz: 10

Gleichmut: 10

Zeugenschaft: 10

Wenn du die gleichen Werte erzielen würdest wie ich, dann würde dich nichts belästigen. Du wärst zielgerichtet, effektiv und du würdest viel schneller wachsen.

Wie würdest du mit meinen Lebensthemen umgehen, wenn du ich wärst, Alligator?

Alligator: Na, was *Dream Yoga* betrifft, da bist du in der Spur. Mir fällt da wirklich nichts mehr ein, was du im Moment tun könntest. Na ja. Du könntest den Bullen bei den Hörnern packen und diese Formulare endlich ausfüllen, damit du Weiterbildungen anbieten kannst. Du könntest auch endlich deine eigenen CEU'S (Continuing Education Units) loswerden, so dass sie dich nicht länger nerven wie die Moskitos in diesem Sumpf, die deine Aufmerksamkeit von deinen Zielen ablenken! Was die bessere Selbstdisziplin während der Meditation betrifft, da fängst du am besten damit an, mehr Platz in deinem Tag zu schaffen. Ich schlage ein dauerhaftes Aufstehen um 5 Uhr morgens vor. Das ist jedenfalls das, was ich tue! Was den Arbeitsfluss angeht, sei wie ich, wenn ich arbeite. Sei entspannt, bis es Zeit ist, sich zu fokussieren. Dann handle aggressiv in Beißeinheiten. Dann entspann dich wieder!

OK, Alligator! Hier sind also deine Vorschläge! Ich werde dich folgendermaßen auf die Probe stellen, um herauszufinden, ob du ein glaubwürdiger Alligator bist:

1. Keine Sorgen machen ob ich in der Spur bin oder nicht, was die Entwicklung des *Dream Yoga* betrifft. Ich nehme dich beim Wort und vergesse meine Sorgen, so wie du es vorschlägst.
2. Diese CEU Bewerbungen beenden!
3. Meine eigenen CEU'S diese Woche aus dem Weg räumen!
4. Jeden Morgen um 5 Uhr aufstehen um zu meditieren!
5. Zielgerichtet sein, wenn ich arbeite, aber nicht versuchen, mir zu viel auf einmal vorzunehmen. Zwischen intensiven Arbeitsperioden entspannen.
6. Um mir selbst Rechenschaft abzulegen, werde ich dir, Alligator, jeden Tag Bericht erstatten, wie es mir mit meinen Zielen geht.

Dieses Beispiel illustriert, wie man jede alberne Vorstellung[8] nehmen und es im *Dream Yoga* nutzen kann, um praktische und konkrete Lebensänderungen zu klären, die nicht auf den Ansichten eines anderen beruhen, was du als nächstes tun musst, um zu wachsen. Jedes Bild ob es nun unserem Wach-

---

[8]Vielen Menschen fällt es sehr schwer zu verstehen, warum es besser sein soll, einer Kröte, einem Stein oder einem Alligator zuzuhören als einem Engel, der verstorbenen Tante Mildred oder Gott. Der einzige Grund, aus dem heraus sich dieses Thema stellt ist, dass wir lernen müssen, unsere starke Voreingenommenheit bezüglich dessen, was wahr und was echt ist, bei Seite zu lassen, wenn wir uns wirklich dem Göttlichen in all seinen Erscheinungen und all seinen Ursprüngen der Führung und der Inspiration öffnen wollen

oder Traumleben entspringt, ist das eines besonderen Aspekts Ihres Selbst, wie eine Facette im Diamanten Ihres authentischen Selbst. Dennoch ist dieser Alligator nicht Gott, wenn auch eine Art Muse! Hier wird nicht behauptet, dass er es besser weiß als ich. Man muss selbst entscheiden, was vernünftig ist und hilfreich von dem, was die Selbst-Aspekte vorschlagen und was man ignorieren sollte als unpraktisch oder schädlich.
Dieses Interview illustriert ebenfalls, wie sehr wir mit unseren Wachinterpretationen generell daneben liegen können bezüglich dessen, was ein Selbst-Aspekt sagen wird. Haben Sie von einem Alligator erwartet, dass er solche Dinge sagen würde? Ich nicht! Im *Dream Yoga* sollte man Vermutungen besser offen lassen, in dem Versuch, respektvoll zuzuhören, um der Veränderung Willen.

Es gibt verschiedene Möglichkeiten, *Dream Yoga* für sich selbst zu prüfen. Wenn Sie Selbst-Aspekte befragen und darauf abzielen, vernünftige Empfehlungen für Ihr tägliches Leben anzuwenden, erfahren Sie dann Heilung, die Ihnen gestattet, Ihr Leben auf eine erweiterte, vollständigere Weise, zu leben? Akzeptieren Sie sich selbst und andere mehr? Gibt es messbare persönliche Verbesserungen in Ihrem Verhalten auf irgendeiner Ebene Ihrer Entwicklung? Meditieren Sie zum Beispiel öfter oder besser? Kombiniert mit Meditation kann *Dream Yoga* Ihre Entwicklung mittels einer spirituellen Disziplin beschleunigen, die Sie selbst bewerten können. Ernähren Sie sich besser? Hat sich Ihre Arbeitsleistung verbessert? Macht sich Ihre körperliche Ertüchtigung endlich bemerkbar? Sind Ihre Beziehungen mit anderen besser geworden? Haben sich Ihre

Beziehungen zu Ihrer Arbeit und Ihrer Umwelt verbessert? In wiefern?

Übungen

Vielleicht möchten Sie irgendeinen Charakter befragen, der ein metaphorisches Abbild einer Ihrer Lebensthemen ist, so wie ich es gemacht habe. Wenn Sie das tun, benutzen Sie die Fragen am Ende dieses Textes. Wir werden diese erstaunliche Anwendung des *Dream Yoga* an späterer Stelle besprechen.

Kapitel 6

Rollen, Musen und erstaunliche Potenziale

Es klopft an Petrus' Tür. Er schaut heraus und vor ihm steht ein Mann. Petrus will gerade seine Befragung beginnen, da verschwindet der Mann. Kurze Zeit später klopft es erneut an der Tür. Petrus macht die Tür auf, sieht den Mann, öffnet seinen Mund, um zu sprechen und schon wieder ist der Mann verschwunden.
„Hey, machen Sie hier ihre Spielchen mit mir?“ ruft Petrus ihm hinterher.
„Nein“, erwidert die entfernte Stimme des Mannes bekümmert. „Sie versuchen gerade, mich wieder zu beleben.“

Unsere Wachrollen erscheinen und verschwinden wie wir uns durch den Tag bewegen und unsere chamäleonartigen Wechsel vom Arbeiter zum Verbraucher zum Familienmitglied sind wir so gewöhnt, dass wir sie kaum bemerken. Doch es ist etwas Außergewöhnliches an dieser einfachen Angelegenheit, die wir Rollen nennen. Es ist weder die Erfindung der griechischen Schauspielkunst noch die von Psychologen des Zwanzigsten Jahrhunderts, sondern eine erstaunliche entwicklungsgeschichtliche Fähigkeit des Homo Sapiens. Nachahmung, das Übernehmen von Vorbildern, das geschieht in der frühen Kindheit, wie wir es bei Albert Bandura in der Entwicklungsgeschichte des sozialen Lernens finden, besonders in seinem berühmten Bobo Puppen[9] Experiment. In der frühen Kindheit stellt sich jedes Kind vor, es sei seine Eltern oder seine Lehrer oder ein Held. Darüber hinaus imitieren Kinder gerne die Verhaltensweisen, die sie von den anderen um sie herum vorgeführt bekommen. So werden die notwendigen Rollen für ein Familienleben und die soziale Existenz gelernt. In seiner verfeinerten Form des bewussten Annehmens einer anderen Identität, wie es Schauspieler tun, ist das Rollenspiel wahrscheinlich eher kürzlich dem menschlichen Verhaltensrepertoire hinzugefügt worden.

Das Selbst, das wir kennen, das Selbst, mit dem wir uns identifizieren, ist nur eine kleine Bandbreite von Rollen und Energien im ganzen breiten Spektrum menschlichen Bewusstseins. Wenn wir Regenbögen wären, wären wir uns nur einiger unserer Farben bewusst. Wären wir Wasser, wir wären uns unserer Potenziale Eis und Gas größtenteils unbewusst. Als Ergebnis planen wir unser Leben und handeln auf der Basis begrenzten Verstehens und begrenzter Erwartung. Wie können die Ergebnisse anders als unvollständig, verwirrend, in die Irre führend sein, uns unserer kostbaren Ressourcen der Zeit und der Energie beraubend.

---

[9] Eine „Bobo Puppe" ist ein aufblasbares Spielzeug, das ungefähr die Größe eines 10-jährigen Kindes hat. Wird ein Kind, das Beispielen von Aggression ausgesetzt ist, sich der Puppe gegenüber aggressiver verhalten? Wird ein Kind, das Beispielen nicht-aggressiven Verhaltens ausgesetzt ist, sich der Puppe gegenüber wahrscheinlich weniger aggressiv verhalten? Die Antwort lautet „Ja."

Die Rolle eines anderen einzunehmen, gestattet uns, zwei erstaunliche Handlungen auf einmal auszuführen, Handlungen die unverzichtbar sind für die menschliche Entwicklung, ob physisch, emotional, kognitiv, zwischenmenschlich oder spirituell. Als Joy zum Schulbus wurde, wechselte sie die Perspektive; sie schaute das Leben von einem anderen Gesichtspunkt aus an. Gewissermaßen „verließ“ sie sich selbst. Sie desidentifizierte sich mit ihrem normalen, typischen Standpunkt und identifizierte sich mit einer anderen Sichtweise, die relativ frei ist und nicht fest steckt.

Jede Rolle, die wir einnehmen, hat eine besondere Beziehung im Hinblick auf die Zeit. Rollen sind entweder retrospektiv, objektiv oder prospektiv. Retrospektive Rollen lassen uns auf eine andere Art sehen, wo wir gewesen sind als die Perspektive, die wir normalerweise einnehmen. Sie erlauben uns vielleicht, dem Leben mehr wie früher zu begegnen, auf eine Art, die vielleicht weniger erwachsen, kindähnlicher oder einfach auch nur kindisch ist. Sport und Spiele gestatten zum Beispiel Erwachsenen wieder zu spielen und Gefühle zu haben, die Kindern erlaubt sind und Erwachsenen weniger. Regressive Weisen, dem Leben zu begegnen, können gesund oder destruktiv sein.

Fixierungen sind Teile unseres Selbst, die auf einem früheren Funktionslevel fest hängen. Wie der Charakter Spucke, der ein verletzter Teil von Louise war, steht uns ein Teil unserer Fähigkeit ganz zu leben nicht zur Verfügung, weil er verletzt ist. Im *Dream Yoga* zeigt man verletzten Teilen in sich selbst tiefen Respekt, einfach dadurch, dass man zu ihnen wird. Wenn Sie den nächsten Schritt machen und diesen zornigen oder verängstigten Teilen wirklich zuhören, was sie zu sagen haben, dann bestätigen Sie die Weltanschauung dieser inneren Perspektiven. Ob Sie mit ihnen übereinstimmen oder nicht ist eine ganz andere Geschichte. Durch diese Selbst-Bestätigung lösen Sie tief sitzende, seit langem schwärende Konflikte, die Ihre Heilung und Ihre Entwicklung blockieren. Sie befreit retrospektive Rollen, so wie Spucke. Sie stellt Ihnen die Facetten Ihrer Lebenskraft zur Verfügung, die sie personifizieren, so wie Spuckes Selbst-Akzeptanz, die viel größer war als Louises. Aus diesem Grund wird die Auflösung von Fixierungen der Kindheit im *Dream Yoga* generell begleitet von einem mächtigen Gefühl der Expansion und der Befähigung. Die Funktion des retrospektiven Rollenspiels ist primär therapeutisch, in dem es uns erlaubt zu heilen durch das Erkennen, das Anerkennen und die Wiedereingliederung von abgebrochenen, vergessenen oder verwundeten Teilen in uns selbst, die wir brauchen, um als ganzer Mensch weiterzuleben.

Jackie, eine intelligente und attraktive Studentin, hatte einen sich wiederholenden Albtraum seit ihrer Kindheit, in dem sich das Weiß ihres Badezimmers in limonengrün verwandelte, wenn sie in den Spiegel schaute. Das ängstigte sie derart, dass sie immer wegrannte, aber so wie sie aus ihrem Haus rannte, wurden die Flure und die Räume hinter ihr limonengrün! Jackie war das sehr unheimlich. Als sie sich vorstellte, zum Badezimmer zu werden, sagte es: "Ich personifiziere Jackies Gefühle. Es war ihr als Kind nicht erlaubt, sie auszudrücken. Das Leben fühlte sich starr an, wie das weiße Badezimmer. Die ganze Zeit wurde sie von Gefühlen überflutet, die sie ängstigten, weil sie gegen die Regeln waren." In dem sie das limonengrüne Badezimmer war, konnte Jackie ihre eigenen

Gefühle besitzen, auf eine gesunde, ausgeglichene Weise, die sie nicht überforderte. Sie konnte sich selbst Erlaubnis geben, in ihre Wachperson einen wichtigen Aspekt ihres Wesens zu integrieren, den sie als junges Kind unterdrückt hatte. Außerdem wusste sie genau, wie es sich anfühlte, diesen fehlenden Teil in ihr hervorzurufen, denn sie spürte ihn jedes Mal, wenn sie zum limonengrünen Badezimmer wurde.

Die meisten von uns verbringen ihr Leben die ganze Zeit mit dem Jonglieren vieler Verantwortungen, Rollen und Aufgaben und strengen sich an, keine fallen zu lassen. Ihre objektiven Rollen statten Sie mit alternativen Perspektiven darüber aus, wer Sie heute in Ihrem Leben sind. Sie zeigen Ihnen, worauf Sie Betonung legen sollen, um Ihre Rollen als Arbeiter, Student, Verbraucher, Freund, Liebhaber und spiritueller Sucher ins Gleichgewicht zu bringen. Sie können Ihnen beibringen, weniger passiv und selbstsicherer zu werden, weniger Retter und mehr Helfer. Diese Funktion ist primär integrativ, in dem sie Ihnen erlaubt, eine stabile, sichere und ausgeglichene Basis zu schaffen, auf der Sie wachsen können. Das geschieht, in dem Sie jene Aspekte von sich selbst nehmen, die wichtige Entwicklungslinien verkörpern, die Harmonie brauchen und sie ins Gleichgewicht bringen. Beispiele solcher Linien schließen Ihre kognitiven, emotionalen und ethischen Kompetenzen ein, Ihre Wahrnehmung, wer Sie sind, Ihre Fähigkeit, Beziehungen zu bilden und damit umzugehen, und Ihre spirituelle Entwicklung.

Mick, ein junger, ansehnlicher Rechtsanwalt, war sehr selbstkritisch und trieb sich selbst immer zum Äußersten. Er träumte, er raube mit seiner Schwester eine Bank aus. Als Mick sich vorstellte, er sei das Geld, das gestohlen wurde, sagte es: “Wenn ich für Micks Leben verantwortlich wäre, würde ich ihn bremsen. Er hat es nötig, den Wert der Langsamkeit erkennen. Mich geht das Treiben nichts an; ich existiere einfach. Ich habe einen Wert. Mick hat es nicht nötig, etwas zu bewerkstelligen oder zu beweisen. Er sollte weniger Energie in die Ergebnisse stecken und einfach sein, wie Geld. Mir ist es egal, was an Ergebnissen herauskommt und doch besitze ich Wert, in und an mir.“ Diese Kommentare halfen Mick nicht nur, weniger selbstkritisch zu sein, sondern sein Arbeitsleben ins Gleichgewicht zu bringen, da er aufhörte, sich selbst derart unter Druck zu setzen, um äußeren Ansprüchen zu genügen. Tatsächlich stellte er fest, dass er mehr erreichte. Er tat Dinge, weil er sie tun wollte, nicht weil er kontinuierlich inneren Druck erzeugte, mit anderen zu konkurrieren.

Eine andere meiner Studentinnen, Vicky, erzählte den folgenden Traum: “Ich gucke mir einen Haufen Waschmaschinen an mit Türöffnungen aus Glas und in allen sind Frauenköpfe, die lebendig sind! Es ist kein Wasser in den Maschinen, aber die Köpfe drehen sich. Ein Kopf trägt wirklich roten Lippenstift. Ich glaube, sie will mir etwas sagen, aber ich wache auf.“ Vicky wählte das Gespräch mit dem Kopf. Der sagte: „Ich bin nicht echt. Mein Körper ist nicht echt. Wenn ich diesen Traum verändern könnte, würde ich aufhören, mich zu drehen und stabiler sein. Ich möchte ein Kopf ohne Körper sein. Wenn ich Vickys Leben ändern könnte, würde ich ihre Fähigkeit zu denken verbessern. Ich bin verwirrt, die Waschmaschinen sind verwirrt und diese Bar, in der ich bin, ist auch verwirrt.“ Als wir mit dem roten Lippenstift sprachen, sagte er: “Vicky muss Menschen um sich herum haben, denen sie vertrauen kann.

Sie muss aufhören, als Stripperin zu arbeiten und sich einen normalen Job besorgen, so dass ihr Leben stabil ist und sie ihren dreizehnjährigen Sohn zurückbekommen kann, der in einer Pflegestelle ist.“ Vicky war über all das sehr erstaunt! Sie erklärte, dass sie als Stripperin die Angewohnheit hatte, sich aus ihrem Körper zu entfernen. Sie hatte das Gefühl, dass ihr Körper sie in eine Menge Schwierigkeiten gebracht hatte in ihrem Leben und sie wollte in ihrem Kopf leben. Aus dieser Erfahrung verstand Vicky auch, dass sie ihre Langeweile beantwortete, in dem sie sich in Beziehungen mit Männern stürzte. Vicky hörte mit dem Tanzen auf, eröffnete ein Lokal und arbeitet zurzeit daran, eine gesunde Beziehung zu ihrem Sohn zu entwickeln.

Wie bei Vicky, was auch immer in Ihrem Leben aus dem Gleichgewicht ist, es kommt an die Oberfläche, wenn Sie *Dream Yoga* praktizieren. Denn Ihre Träume und Ihre Lebensthemen werden wie ein frühes Warnsystem funktionieren, wenn Sie das von ihnen wünschen. Was immer nach oben kommt ist da, um Ihnen zu helfen, aufzuwachen. *Dream Yoga* ist eine starke und wirksame Weise, die Hilfe zu erlangen, die Sie brauchen, um wieder ins Gleichgewicht zu kommen und verschiedene Teile in sich wieder in ein reibungslos funktionierendes Ganzes zu integrieren.

Haben Sie jemals das Gefühl, dass Sie eigentlich zu viel mehr fähig wären als Sie es normalerweise sind, dass Sie aber einfach nicht wissen, wie Sie dieser Mensch sein sollen? *Prospektive* Rollen öffnen Sie für Ihre Potenziale, dafür, sich selbst zu erfahren als der Mensch, der Sie werden können. Diese Potenziale mögen Ihnen wie entfernte Fantasien erscheinen, aber sie sind hier und jetzt Wirklichkeiten für Ihr größeres Selbst, sonst würden sie sich nicht in Ihren Träumen zeigen. Der einzige Grund aus dem sie nicht jetzt sofort in Ihrem Wachleben wirken ist der, dass Sie sie nicht besitzen. Weil Ihre jetzige Persönlichkeit begrenzt ist und Ihre inneren Potenziale ignoriert oder von sich weist, haben sie keinen Platz in Ihrem Bewusstsein. Prospektive Rollen sind grundlegend transformativ, in dem sie Ihnen neue Wege eröffnen, sich selbst anzuschauen; sie sind weiter entwickelt und relativ selbstlos.

Als Joy zum Schulbus in ihrem Traum wurde, wurde sie auch zu einem Teil von sich selbst, der sie nicht für verantwortungslos hielt und sie nicht zur Erfüllung seiner Erwartungen brauchte. Das Potenzial für sie zum Schulbus zu „werden“ war ihr ganzes Leben da gewesen, ein unerkanntes, inneres Potenzial, das nur darauf wartete, anerkannt zu werden. Wie auch immer, Joy war außer Kontakt mit ihrer Fähigkeit, sich sowohl von ihren eigenen als auch von den Erwartungen der Anderen an sich zu lösen. Wie viele der Herausforderungen des Lebens versuchen Sie zu schultern? Vielleicht spielen Sie Atlas und nehmen die Welt auf Ihre Schultern, wenn Sie stattdessen in Fühlung gehen könnten mit anderen, unerkannten Teilen in Ihnen, die den Weitblick und das Handwerkszeug haben, die Ihnen fehlen. Paradoxerweise erlauben das Loslassen und die Erweiterung kompetenteren Teilen in Ihnen, vorzutreten und die Last aufzunehmen. Nur, für sie ist es überhaupt gar keine Last!

Transformation ohne Integration ist untragbar. Sind Sie schon mal bei einem Workshop gewesen und fühlten, wie sich Ihr Leben öffnete, nur um in den folgenden Tagen desillusioniert in

Albträume
sich wiederhol. Träume

Ihre alten Gewohnheiten zurück zu fallen? Was ist passiert? Sie konnten Ihre Öffnung nicht aufrechterhalten, weil Ihr gewohnter Grad an Bequemlichkeit gewonnen hat. Deshalb müssen die meisten von uns den größten Teil ihrer Zeit daran arbeiten, das tägliche Gleichgewicht zu erreichen, das die Integration verlangt. Tun wir das nicht, können wir die Transformation nicht aufrechterhalten. Stattdessen fallen wir in unsere Wohlfühlzone zurück. Es fehlt uns das Fundament, unsere Gipfelerfahrung, um unsere vertikale Öffnung zu halten. So wie wir Integration benötigen, um Transformation zu erhalten, ist Integration ohne Heilung bestenfalls teilweise möglich. Wenn Sie emotionale oder körperliche Schmerzen haben, wird dieser Stress Ihre Aufmerksamkeit verlangen und Ihre Fähigkeit, Ihr Leben ins Gleichgewicht zu bringen so lange behindern, bis Sie ihm zuhören. Themen, die der Heilung bedürfen, neigen dazu, zuerst und am häufigsten aufzutauchen, bis sie gehört und angesprochen werden, so wie Louises Spucke. Sie sind generell die lautesten Stimmen, die um unsere Aufmerksamkeit wetteifern. Albträume und sich wiederholende Träume sind oft Ausdruck ungelöster retrospektiver Themen, die Heilung brauchen.

Alle drei dieser Rollen, retrospektive, persönliche und prospektive, werden oft innerhalb desselben Selbst-Aspekts entdeckt, wie wir beim Alligator, der Spucke, dem Stein und dem Schulbus sehen können. Das erinnert uns daran, dass unsere Annahmen, was ein Selbst-Aspekt bedeutet, ob es ein Traumcharakter ist oder eine andere Person, gewöhnlich falsch und immer ernsthaft begrenzt sind. Jede Erfahrung im Leben verlangt, sich ihr zu nähern, als wäre sie ein Wurmloch, das direkt in das Göttliche führt.

Ein zweiter magischer Aspekt, Rollen einzunehmen, beinhaltet das Niederlegen oder das Aufgeben der wachen, alltäglichen Perspektive. Dieser einfache Akt ist eine Erklärung der Loslösung und des Bezeugens, Kernelemente spiritueller Entwicklung, die dem menschlichen Entwicklungsprozess innewohnen. Wenn ein Säugling Trennung von seiner Mutter erfährt, oder ein Heranwachsender Abstand herstellt zwischen seinen Werten und denen seiner Familie, geschieht dieser fundamentale Prozess. Es ist ein spiritueller Prozess, denn das los zu lassen, von dem du denkst, du bist es, erzeugt sowohl Loslösung als auch Zeugenschaft, um ein breiteres und tieferes Selbstgefühl zu erwerben. Wir können es schätzen lernen, dass die menschliche Entwicklung im Grunde ein spiritueller Prozess ist.

Ihre Fähigkeit, eine Vielzahl verschiedener Perspektiven zu akzeptieren und zu nutzen ist der Maßstab Ihrer emotionalen und mentalen Reife. Jenseits einer gewissen fundamentalen Ebene der Entwicklung, erfordert es Einfühlungsvermögen, die Rolle eines anderen einzunehmen. Empathie ist nicht nur die Fähigkeit, die Gefühle, Belange oder Schwierigkeiten eines anderen Menschen zu verstehen; es ist die Fähigkeit, sich mit ihrer Perspektive zu identifizieren. Es setzt sowohl eine Bereitschaft als auch eine Fähigkeit voraus, die Sicherheit und Geborgenheit der gewohnten und angenehmen Wahrnehmung dessen, der Sie gerade sind aufzugeben, um stellvertretend die Erfahrung der Perspektive eines anderen einzunehmen. Sich selbst von der momentanen Rolle zu lösen, genannt Desidentifikation, erfordert kein Einfühlungsvermögen.

Die Rolle eines anderen einzunehmen, muss sich nicht auf andere Menschen beschränken, obwohl wir oft in solchen Begriffen denken. Wir können mitempfinden mit der Spontaneität oder dem Leid von Tieren; wir können uns identifizieren mit Bäumen, Felsen und Sternenstaub. Aufrichtige Identifikation mit anderen Aspekten Ihres Selbst erfordert ebenfalls Einfühlungsvermögen.

Jungen Kindern mangelt es an Einfühlungsvermögen. Sie sind nicht in der Lage, die Perspektive der Käfer und Tiere einzunehmen, denen sie wehtun oder die der anderen Kinder, die sie verspotten. Normalerweise entwickeln Kinder, wenn sie reifen, die Fähigkeit vielfältige Perspektiven in Betracht zu ziehen, was bedeutet, dass sie über eine geistige Beweglichkeit und eine Anpassungsfähigkeit verfügen, die nicht vorhanden ist in denen, die sich nicht einfühlen können. Dieser Prozess hört jedoch auf, wenn wir ein starkes Gefühl eines unitären Selbst entwickeln. Wir mögen viele Perspektiven in der Welt sehen, die uns umgibt, aber unsere eigene Perspektive bleibt stabil und beständig. Das ist ein Kernproblem der Menschheit, denn die meisten Kriege und zwischenmenschlichen Konflikte werden geführt, um die eine oder andere völlig willkürliche und letzten Endes illusorische Perspektive zu verteidigen. Wenn Sie darauf bestehen, Ihre Welt aus der Perspektive Ihres stecken gebliebenen Selbst zu sehen, unabhängig davon, wie spiritualisiert es ist, werden Sie weiter stecken bleiben, garantiert! Wenn Sie jedoch Ihre Welt aus der Perspektive der Teile in sich betrachten, die nicht feststecken, werden Sie sich nicht länger gefangen fühlen. Garantiert! Wie kann das wahr sein? *Dream Yoga* fühlt sich ein bisschen an wie ein Nachhausekommen zu dem, der Sie wirklich sind.[10]

Stellen Sie sich vor, Sie seien die Luft, die Sie gerade atmen. Um das zu tun, müssen Sie zuerst willens sein, sich von dem zu desidentifizieren, von dem Sie normalerweise denken, es zu sein. Dann stellen Sie sich einfach vor, dass Sie das Leben als Luft erfahren, die durch Ihre Nasenlöcher aufgenommen wird, Ihre Lungen füllt und durch Ihren Körper gepumpt wird als Sauerstoff, der Ihre Zellen ernährt. Fragen können uns dabei helfen, in unsere Rolle zu kommen. Ich könnte fragen: "Luft, bist du frisch oder abgestanden?" „Magst du dich selbst oder nicht, oder bist du dir egal, Luft?" „Was fühlst du für diesen Menschen, der dich atmet, während er dieses Buch liest?" „ Magst du das? Magst du es nicht? Kümmert es dich nicht?" Solche Fragen dienen nicht nur dem Zweck, Sie in die Rolle der Luft zu führen, sondern sie verstärken oder erweitern Ihre Wahrnehmung dessen, was es bedeutet, Ihr Leben aus der Perspektive der Luft zu erfahren. Das Ergebnis ist oft eine Ansicht Ihres Lebens, die sich nicht nur von Ihrer unterscheidet, sondern sowohl befreiend als auch erweiternd ist. Sie werden mehr als Sie sind. Wenn Ihre Identität expandiert, kann sie niemals wieder auf dieselbe Größe schrumpfen, die sie zuvor

---

[10] Die transpersonale Gemeinschaft hat ein Sprichwort: "Du musst jemand sein bevor du niemand sein kannst" (Jack Engler), was bedeutet, dass man ein starkes, kompetentes Selbstgefühl entwickeln muss, bevor man erfolgreich darüber hinaus wachsen kann. Konsequenterweise argumentiere ich nicht gegen ein starkes Selbstgefühl. Viel von dem, was ich über die Jahre getan habe als praktizierender Therapeut ist anderen zu helfen, solch ein starkes Selbstgefühl zu entwickeln, in voller Gewissheit, dass sie eines Tages darüber hinaus wachsen werden, vorausgesetzt, das Wachsen dauert an.

hatte. Darin liegt die Magie des Rollenspiels. Es erweitert Ihre Identität! Jedes Mal, wenn Sie einen weiteren Selbst-Aspekt befragen, lassen Sie Ihr festgefahrenes, selbstgefälliges Ich los, nur für eine kleine Weile und erlauben Ihrer Selbstwahrnehmung, sich zu erweitern, um sich eine neue, relativ freie Perspektive Ihres Lebens einzuverleiben. Je öfter Sie das tun, desto schneller werden Sie heilen, ausgeglichen sein und sich verändern. Wenn Sie also über Ihre Identifikation mit Ihrer Selbstwahrnehmung hinauswachsen wollen, ist das Lernen des Imaginierens irgendeiner anderen, relativ losgelösten Sicht auf eine therapeutische Weise ein grundlegendes, mächtiges Werkzeug dazu. Das ist eine grundlegende Fähigkeit, die *Dream Yoga* lehrt.

Wir wissen, dass Menschen, die die Rolle eines anderen Menschen nicht einnehmen können, nicht in der Lage sind, sich einzufühlen. Das Wachstum der Menschen, die sich nicht einfühlen können, hat schwerwiegende Grenzen. Deshalb ist die Unfähigkeit, sich einzufühlen, ein möglicher diagnostischer Indikator einer Persönlichkeitsstörung. Aus diesem Grund ist das Erlernen des Einnehmens anderer Rollen nicht nur für Persönlichkeitsstörungen eine wirksame therapeutische Intervention, sondern für Probleme in jedem Stadium der Entwicklungsspirale. Sogar der Buddha praktizierte *upaya*, ein Wort aus dem Sanskrit, das man übersetzen kann als „kluge Nächstenliebe“ oder „der Mittel fähig“. Im Grunde genommen geht es um den Willen und die Fähigkeit, sich in begrenzter und konditionierter Form zu maskieren, um der Menschheit Erleuchtung zu bringen. In der christlichen Mythologie ist es das, was Gott in einem bestimmten historischen Moment tut, wenn er das christliche Bewusstsein in einem Mann, Jesus,

Einfühlungsvermögen

inkarniert. Gott nimmt die Rolle des Jesus ein im Palästina des ersten Jahrhunderts n. Chr.; Buddha nimmt die Rolle des Gautama ein im Indien des sechsten Jahrhunderts v. Chr..

So wie Sie Einfühlungsvermögen brauchen, um sich mit den Gefühlen anderer zu identifizieren oder mit Wacherfahrungen, wie die Luft zu sein, die Sie atmen, brauchen Sie Einfühlungsvermögen, um in der Tiefe Sichtweisen anderer Aspekte Ihrer selbst einzunehmen. In funktioneller Hinsicht sind alle Dinge Aspekte Ihrer selbst. Das bedeutet, was Sie in allem und jenem sehen, sind die Eigenschaften und Charakteristika, die Sie darauf projizieren. Wie Immanuel Kant, deutscher Philosoph des Zwanzigsten Jahrhunderts sagen würde, Ihre Wahrnehmung wird durch die Kategorien Ihrer Erfahrung bestimmt. Deshalb ist es auch wirklich egal, ob Sie sich vorstellen, ein Traummond, ein imaginierter Mond oder ein real existierender Mond zu sein, da alle Verkörperungen einer inneren und relativ stabilen Reihe von Charakteristika sind, die Sie mit dem Mond assoziieren und die Sie auf den Mond projizieren. Da wir unsere Bedeutungen auf alles projizieren, was wir erfahren, ist das, was wir in allen Menschen und allen Dingen sehen, abhängig von unserer Wahrnehmung. In diesem Sinn ist das ganze Leben ein Traum. Deshalb beschäftigt sich *Dream Yoga* mit allen Aspekten unserer Erfahrung und nicht lediglich mit unseren nächtlichen Träumen.

Wenn Sie sich mit Aspekten Ihrer selbst identifizieren, vollbringen Sie einen grundlegenden und mächtigen Akt der Akzeptanz. Wenn Sie sich zum Beispiel vorstellen, ein Fels zu sein, müssen Sie zuerst Ihre Voreingenommenheit überwinden, dass Felsen, da sie leblose Objekte sind, Ihnen unmöglich etwas Nützliches mitzuteilen haben. Wenn Sie sich vorstellen, eine Tarantel zu sein, müssen Sie erst Ihre Angst vor Spinnen außer Kraft setzen. Wenn Sie sich vorstellen, ein Vergewaltiger zu sein, müssen Sie zuerst Ihren Ekel für solch ein pervertiertes Verhalten und Ihre Abscheu gegenüber Missbrauch zur Seite legen. Wenn Sie sich vorstellen sollen, dass Sie ein besitzender Dämon sind, müssen Sie erst Ihre Angst überwinden, dass Sie selbst zu einem Dämon werden, wenn Sie das tun. Letzten Endes ist der Akt der Identifikation nicht nur einer der Akzeptanz, sondern auch ein Akt des Muts. Sie sagen in der Tat: „Ich bin stark genug, den loszulassen, der ich zu sein und den ich zu brauchen glaube."

Übungen

Sie können bestimmt alle Ihre sozialen Rollen benennen, aber bedenken Sie einmal die verschiedenen Rollen, die Sie in Ihren Träumen spielen. Was bedeutet es, dass sie eigentlich in Form und Vielfalt unbegrenzt sind?

Kapitel 7

Wie funktioniert *Dream Yoga*?

Gesunde Skepsis gegenüber *Dream Yoga* ist ein wichtiger Aspekt spiritueller Entwicklung. Wie Ken Wilber in „Integral Spirituality" ausführt, sind Skepsis und Zweifel Grundlage einer rationalen persönlichen Annäherung an die Spiritualität. Ohne Zweifel und Skepsis werden Sie niemals das Vertrauen entwickeln, das auf mehr als nur Glauben und Vertrauen beruht. *Dream Yoga* ermutigt Sie, dem Prozess gegenüber skeptisch zu sein. Sie mögen zum Beispiel denken: "Diese Leute sagen sich selbst doch nichts anderes als das, was sie schon längst wissen." Die Antwort darauf ist: "Na klar! Diese Sichtweisen reflektieren einen Teil von ihnen!" Auf einer gewissen Ebene ist sich jeder der Gültigkeit dessen bewusst, was seine Selbst-Aspekte ihm zu sagen haben. Die Wahrheit ist jedoch, dass diese Angelegenheit nebensächlich ist. *Dream Yoga* funktioniert, in dem es Klienten erlaubt, ihre Wachprioritäten mit denen verschiedener anderer Aspekte zu vergleichen. Die meiste Zeit sind diese anderen Prioritäten bereits bekannt, es wird ihnen aber unterschiedliche Wichtigkeit beigemessen. Die Künstlerin im Kapitel 8 zum Beispiel stellte das Finden eines Partners über ihre spirituelle künstlerische Arbeit. Die Spinnen, die sie interviewte, ermutigten eine andere Priorität: sie stellten ihre spirituelle künstlerische Arbeit über das Finden eines Partners. Wenn Ihre Prioritäten und jene Ihres authentischen Selbst sich unterscheiden, gibt es einen inneren Konflikt. Je stärker Ihre Wachprioritäten im Missklang mit denen Ihres authentischen Selbst sind, desto lauter und länger wird der Konflikt wahrscheinlich andauern. Es ist nicht so als wüssten Sie nichts von diesen anderen Prioritäten, es ist so, dass Sie sie nicht so betonen, wie Ihr authentisches Selbst es gerne hätte.

Ein anderer weit verbreiteter Zweifel ist der zu denken: “Das bin doch bloß ich, der sich diese Antworten ausdenkt!“ Wenn das der Fall wäre, dann sollten Sie in der Lage sein, vorauszusagen, was Ihre verschiedenen Selbst-Aspekte sagen werden, nicht wahr? Wenn Sie das nicht können, würde Ihnen das nicht beweisen, dass Sie sich zumindest einen Teil der Antworten nicht einfach ausdenken?

Ein weiterer üblicher Zweifel lautet: “Warum sollte ich mich mit belanglosen Objekten in meinen Träumen wie Fleischwölfen oder Badezimmerspiegeln unterhalten? Warum sollte ich davon ausgehen, dass sie mir irgendetwas Bedeutsames zu sagen haben?“ *Dream Yoga* bittet Sie nicht darum anzunehmen, dass die Bilder, die Sie interviewen irgendeine Bedeutung haben. Stattdessen bittet es Sie, einen Moment lang Ihre Zweifel, Ihre Erwartungen und Ihre Glaubenssätze beiseite zu legen. Vergessen Sie Ihr Urteil und folgen Sie dem Drehbuch. Steigen Sie in die Rolle ein und sprechen Sie so gut wie Sie es können aus der Perspektive des Bildes, das Sie interviewen. Das ist die Essenz eines jeden phänomenologischen Ansatzes zum Wachstum.

Ihnen werden Ihre eigenen Theorien einfallen, wie *Dream Yoga* funktioniert. So kommen Sie vielleicht zu dem Schluss: “Subjekte kommen meist in Kontakt mit ihren eigenen Ängsten, Hoffnungen und Träumen für ihr Leben.“ Obwohl dies generell richtig ist, ist es doch viel mehr als das. Sie nehmen oft Kontakt auf mit widersprüchlichen Ängsten, Hoffnungen und Träumen. Der Sinn liegt nicht einfach darin, verschiedene Perspektiven zu erreichen, um das Bewusstsein zu erhöhen; es bedeutet vielmehr weiter zu gehen und diese Empfehlungen, die vernünftig sind, auch anzuwenden und Versprechen zu halten.

Sie müssen diese Antworten auf die üblichen Glaubensfragen nicht akzeptieren. Tatsächlich ist es viel besser, wenn Sie das nicht tun. Alles, was Sie tun müssen, ist einige Selbst-Aspekte zu befragen und sich die folgenden Fragen zu stellen zu dem, was Sie hören: "Sind die Prioritäten der Selbst-Aspekte, die ich befragte dieselben, die ich in meinen Lebensthemen feststellte?“ Falls nicht, warum nicht? Falls die Antworten Ausdruck Ihres wachen Selbst wären, müssten die Prioritäten nicht dieselben sein? „Wenn Sie den Empfehlungen jener Selbst-Aspekte für das Wachleben folgen, die eine hohe Wertung in den Kernqualitäten Ihres authentischen Selbst erreichen, was passiert dann? Verbessert sich Ihr Leben in den Gebieten, in denen Ihre Selbst-Aspekte dies gesagt haben, oder nicht?“

Dream Yoga geht davon aus, dass die Bilder, die Sie interviewen, Teile Ihrer selbst sind. Das ist eine Annahme. Vielleicht sind sie es nicht. Als Antwort auf die Frage: "Welchen Teil des Subjekts personifizierst du am wahrscheinlichsten“, mag das Bild erwidern, das es in der Tat diesen oder jenen Aspekt in Ihnen personifiziert oder es sagt vielleicht etwas wie: "Ich bin deine Großtante Matilda. Ich bin kein Aspekt von Dir!“ Es kann möglicherweise auch sagen: "Ich personifiziere deine Lust auf feine Lebensart und außerdem bin ich noch deine

Großtante Matilda!“ Davon ausgehend, dass die Bilder in Ihren Träumen und die Verkörperungen Ihrer Lebensthemen Aspekte der „Mangel“-Position sind, aus der heraus Sie im *Dream Yoga* fragen, haben Selbst-Aspekte wiederholt eine enorme Autonomie demonstriert. Die meisten sind nicht zu schüchtern, um nicht mit Ihnen überein zu stimmen und bringen Antworten hervor, die Ihren eigenen Annahmen widersprechen und sich doch authentisch anfühlen.

Warum sollten Sie überhaupt Aspekte Ihrer selbst befragen? Ist es nicht Teil der Aufgabe unserer Selbstwahrnehmung, exekutive Entscheidungen für den Rest von uns zu treffen? Dies ist in der Tat die primäre Rolle unserer Wachidentität; die Frage ist ob wir informierte Entscheidungen treffen wollen. *Dream Yoga* kommt zu dem Schluss, dass jene Entscheidungen, die wir treffen, die die Perspektiven der Selbst-Aspekte mit einbeziehen, informierter sind als die, die das nicht tun. Das bedeutet wohl kaum, dass wir innehalten, bevor wir unsere Schnürsenkel binden und Selbst-Aspekte befragen, wie wir das angehen! Die meisten Selbst-Aspekte scheinen sich wenig darum zu kümmern, was wir in unserem täglichen Leben so tun. Allgemein gesagt, gehen Sie davon aus, dass Sie auf den Gebieten Ihres Lebens richtig liegen, um die sich Ihre Traumgruppenmitglieder keine Gedanken machen. Was die Gebiete betrifft, zu denen sie ihre Meinungen äußern, beziehen Sie ihre Perspektiven in Ihre Überlegungen mit ein, denken Sie aber daran, dass diese Ansichten existieren, um Sie über Ihre Wahlmöglichkeiten zu informieren; nur Sie haben exekutive Macht und die Verantwortung für die Ganzheit Ihres Selbst, Entscheidungen zu treffen. Trotz allem sind diese Charaktere keine Rhodesstipendiaten oder Bodhisattvas. Sie haben ihr Fachgebiet, aber die meisten haben auch ihre inkompetenten Bereiche, also stellen Sie sie nicht auf einen Thron, vor allem nicht die geträumten Telefonmasten und Toiletten!

Manche Menschen ängstigt die Vorstellung, irgendein anderer Aspekt ihrer selbst zu sein. Sie fragen sich: "Wird mich das nicht verwirren?" „Werde ich nicht meine Persönlichkeit fragmentieren?" „Ich werde vielleicht eine Kernschmelze erleben und mich in einen gelatineähnlichen Haufen Protoplasma verwandeln, der zu nichts mehr fähig ist!" Auch wenn es eine Menge Spaß machen kann uns selbst Angst zu machen, ist die Wahrheit, dass solche Themen im *Dream Yoga* kaum je hochkommen und wenn sie es tun, dann sind sie leicht aufzulösen. Durch die Identifikation mit anderen inneren Subpersönlichkeiten erweitern Sie nämlich Ihre Selbstwahrnehmung, die die anderen Eigenschaften und Personifizierungen einschließt und sich einverleibt. Ihre Perspektive erweitert sich anstatt sich zu verengen. Sie wird integrierter, nicht fragmentierter.
Woher wissen wir, dass unsere Traumgruppenmitglieder die Stimmen unseres authentischen Selbst sind? Wie wissen wir, dass es sich nicht um dämonische Einflüsse handelt, die uns austricksen wollen? Woher wissen wir, dass *Dream Yoga* nicht einfach so eine Art vorbewusster Ego-Trip ist, der dazu dient, unseren Selbstwert aufzublasen, in dem er eine wahnhafte Fantasiewelt erschafft? Meiner Erfahrung nach sind solche Fragen und solche Zweifel gesund. Sie bringen uns dazu, den Prozess sorgfältig zu überprüfen und uns nicht im Übermaß einem Weg zu verpflichten, der sich uns noch nicht bewiesen

hat. Ich empfehle ausdrücklich eine solche vorsichtige, fragende Annäherung an alle spirituellen Wege.

Wir wissen, dass einige unserer Traumgruppenmitglieder ganz gewiss nicht transzendent oder transpersonal sind. Es gibt viele verwundete und unreife Teile unseres Selbst, die Heilung brauchen. Sie drücken Wut aus, Angst, Traurigkeit, Unsicherheit, Einsamkeit, Schuld, Verwirrung und Unwissen. Andere innere Stimmen spiegeln lediglich unsere Wachperspektiven. Aber eine beträchtliche Anzahl, zu viele, um sie zu ignorieren oder gering zu achten, verkörpern Eigenschaften, die gerechterweise als unerkannte Potenziale bezeichnet werden dürfen, und sie werden durch prospektive Rollen verkörpert. Die meisten Träume enthalten wenigstens ein oder zwei von ihnen, und oft repräsentieren sie eine Mehrheit der befragten Charaktere. Diese Aspekte in Ihnen fühlen anders; sie personifizieren Potenziale, in die Sie erst noch hineinwachsen müssen. Sie werden deshalb als authentische Qualitäten bezeichnet, weil sie Charakteristika verkörpern, nach denen die meisten Menschen streben: Von Angst frei zu sein, inneren Frieden inmitten eines engagierten Lebens, heilsames Mitgefühl, Weisheit, die großzügig und warm ist und Akzeptanz ohne Resignation oder Passivität. Solche Eigenschaften sind nicht Ego-zentriert, und doch erfordern sie ein stark entwickeltes Selbstgefühl in der Welt. Sie verkörpern nicht das, wo Sie herkommen, sondern vielmehr den, der Sie potenziell werden könnten.

Ein anderer Zweifel ist: "Der, der ich authentisch bin, verändert sich mit der Zeit. Wie kann *Dream Yoga* mich also in Kontakt bringen mit meinem authentischen Selbst?" Die Antwort lautet, dass das, was für Sie authentisch ist, sich dauernd ändert und auf Ihrer Perspektive des Moments und Ihrer Entwicklung beruht.

Seien Sie sich darüber im Klaren, dass zwar die meisten Ihrer Zweifel oberflächlich auf Vernunft gründen, darunter aber oft gut versteckte, emotionale Widerstände liegen. *Dream Yoga* respektiert sie und geht mit diesen Widerständen in den Dialog, es verwandelt das Gefühl des Widerstands in eine Farbe und lässt sie sich dann zu einer Form verdichten. Zu meiner Rechten ist zum Beispiel ein Stapel Rechnungen während ich tippe. Hinter mir auf einem Regal ist ein Stapel Papiere, ich weiß, ich muss ihn durcharbeiten, aber ich habe es noch nicht getan. Dieser Widerstand hat die Farbe Blau. Wenn ich jetzt während des Tippens den Raum damit fülle und zusehe, wie sie sich zusammenzieht, verwandelt sie sich in ein weißes Ei, das über meiner rechten Schulter in der Mitte des Raums schwebt.

Ei, was machst du da, in meinem Zimmer schwebend? Bist du die Personifizierung meines Widerstands gegen das Erledigen meines Papierkrams?

Nö! Ich bin bloß ein Ei. Ich hab genau so ein Recht hier herumzuschweben wie du es hast, hier zu sitzen.

Meine Güte, du bist ja ein offenherziges Ei. Aber bist du nicht ein Produkt meiner Einbildung?

Falls du mich gering schätzen möchtest, in dem du davon ausgehst, dass ich nicht real bin, das ist in Ordnung für mich. Es ist dein Pech.

OK, Ei, was magst du an dir selbst am liebsten?

Ich mag, dass ich voller Potenzial bin und dass ich hier in deinem Leben bin. Oh. Und auch, dass du mir Aufmerksamkeit zollst.

Ei, ich nehme an, dass das Potenzial von dem du voll bist, so eine Art Küken ist, das aus dir herausschlüpfen kann. Ist das richtig?

Das ist richtig!

Also, Ei, können wir das schnell vorlaufen lassen zu der Stelle, an der das Küken schlüpft?

Sicher! Ein Küken schlüpft und wächst zu einem Hahn heran, der überall im Zimmer herumpickt und Federn hinterlässt!

Hahn, du veranstaltest eine Schweinerei in meinem Büro!

Weißt du denn nicht, dass Hähne nicht in Büros gehören? Setz' mich nach draußen!

Aber wenn ich dich vor die Hintertür setze, werden Mingus und Salem nicht versuchen, dich zu fangen und zu fressen?

Nein, Blödmann! Sie können kein eingebildetes Hühnchen fressen!

Also Hahn, da du nun draußen bist, hast du mir irgendetwas zu sagen über meinen Widerstand gegen meine Rechnungen und meine Schreibarbeit?

Warum fragst du mich? Ich mach keinen Schreibkram! Ich lebe voll im Jetzt!

Wenn ich völlig im Jetzt lebte wie du, wäre ich dann in der Lage, meine Schreibarbeit mit weniger Zaudern zu erledigen?

Wer weiß? Warum versuchst Du's nicht und findest es selbst raus!

Hahn, wie schätzt du dich selbst ein auf der Skala 0-10 bezüglich der folgenden Eigenschaften:

Zutrauen: 10
Mitgefühl: 0
Weisheit: 0
Akzeptanz: 10
Innerer Friede: 10
Zeugenschaft: 0

Hahn, hast du gegen irgendetwas Widerstände?

Nö!

Mann, Hahn, du bist ein Beispiel der Gegensätze! Du bist ganz stark in der Hälfte dieser Eigenschaften und kümmerst dich nicht im Geringsten um die anderen drei. Wie ist das möglich?

Hey, hab ich etwa behauptet, ich sei perfekt?

Wenn du mein Leben führen würdest und meine Wachverantwortlichkeiten hättest, wie würdest du mit meinem Widerstand gegen die Schreibarbeit umgehen?

Ich würde sie sofort erledigen, um sie so schnell wie möglich aus meinem Leben zu kriegen, damit ich dann wichtige und wertvolle Dinge tun könnte, wie Picken und Krähen!

Vielleicht sind dein Zutrauen, deine Akzeptanz und dein innerer Frieden die Eigenschaften, die ich brauche, um meinen Widerstand gegen die Schreibarbeit zu überwinden. Ich werde versuchen, du zu sein, wenn ich darüber nachdenke und schauen, ob mir das hilft, über meinen Widerstand hinauszuwachsen und sie zu erledigen. Danke, Hahn.

Gern geschehen!

So habe ich nun ein neues Sangha Mitglied, eine neue Muse, die mit Sicherheit ihre schwachen Stellen hat. Natürlich werde ich mich nicht in allen Belangen auf ihn verlassen. Aber wenn er auch nur irgendwie helfen kann, meinen Papierkram schneller zu erledigen, wäre das ein großer Dienst.

Meine Studenten stellen mir oft Fragen wie: “Warum ein Hahn? Warum nicht eine Henne oder eine Nachtigall?“ Ich reiche diese

Fragen immer an den Hahn weiter oder an welchen Selbst-Aspekt auch immer, der in dem Moment gerade präsent ist. Sie sind in einer viel besseren Lage, solche Fragen zu beantworten als ich. Meine Antworten sind pure Vermutung.

Übungen

Wie sehen Ihre Zweifel aus bezüglich *Dream Yoga* und seiner Wirksamkeit?
Wenn Sie einige Aspekte Ihrer selbst befragt haben, fragen Sie sie nach Ihren Zweifeln. Falls Sie noch keine interviewt haben, dann fragen Sie, sobald Sie sie gefunden haben, ein oder zwei Selbst-Aspekte, die sie respektieren, nach ihren Zweifeln.

Kapitel 8

Entdecken Sie einen authentischen Plan für Ihr Leben

Studenten berichten oft, dass es leichter ist, Charaktere zu erschaffen und zu „werden“ als sie erwartet haben. Sie berichten, dass die Antworten, die sie erhalten sich nicht so anfühlen als kämen sie von „ihnen“, sondern von dem Charakter. Sie erzählen ferner, dass die Kommentare, die die Charaktere abgeben, generell sinnvoll sind, angemessen scheinen und hilfreich sind. Falls es Ihnen nicht gelungen ist, Charaktere zu imaginieren, in die Rolle zu schlüpfen oder Antworten zu bekommen, brauchen Sie wahrscheinlich einfach etwas Übung. Es braucht eine Weile, um eine echte, andauernde Verbindung mit Ihrer authentischen Stimme zu entwickeln, wenn Sie den Zugang zu ihr nicht gewohnt sind.

Dream Yoga hilft uns, unsere Wachprioritäten in Einklang mit den Prioritäten zu bringen, die sowohl die Realitäten unseres Lebens wie auch unsere unerwarteten Potenziale umfassen, so dass wir die Bedürfnisse unseres Körpers, unsere Wünsche, Familie, Freunde und Bekannte in einen Kontext bringen können, der das Beste für uns alle hervorbringt. Aber viel zu oft stellen wir die Prioritäten unserer Wachidentität voran. Stellen Sie sich vor, Sie wären ein Eisberg, der glücklich in der Arktis treibt. Es schneit gerade und Sie sind umgeben von Ihren Eisberggefährten. Das Wasser um Sie herum ist mit Eis bedeckt und ein starker Wind bläst Ihnen aus Süden entgegen, der sicherstellt, dass Sie nach Norden treiben werden, wo es kalt ist. Was für ein großartiges Leben! Wenn Sie einen Blick in die Zukunft werfen, haben Sie allen Grund zu erwarten, dass sie wunderbar sein wird! Aber am nächsten Morgen, beim ersten Tageslicht, bemerken Sie, dass Sie sich ein bisschen von Ihren Freunden entfernt haben und ein wenig nach Süden getrieben sind. Das ist sehr seltsam! Immerhin weht der Wind wirklich heftig aus Süden! Sie sollten bereits weiter nördlich sein! Eine Woche vergeht. Jeden Tag scheinen Ihre Freunde etwas weiter entfernt zu sein. Sicher herrschen immer noch Temperaturen weit unter dem Nullpunkt, aber es schneit nicht mehr so viel und, falls Sie sich nicht bereits Dinge einbilden, scheint das Wasser nicht mehr ganz so kalt zu sein. Das Eis, das die Oberfläche bedeckte, ist schon seit langem fort. Was ist hier los? Ein Monat vergeht. Sie können keinen Ihrer Freunde mehr sehen. Obwohl der Wind weiterhin heftig von Süden weht, ist das Wasser ganz bestimmt wärmer. Sie scheinen zu schrumpfen! Als Ihnen das klar wird, macht sich ein Gefühl der Desillusionierung breit. Die Dinge laufen nicht so wie sie sollten! Trotz aller Zeichen, die darauf hindeuten, dass das Wetter kälter werden sollte, wird es wärmer! Obwohl alle Zeichen darauf hinwiesen, dass Sie mehr Freunde haben werden, haben Sie überhaupt keine mehr! Sie sind allein, inmitten eines riesigen Ozeans, ohne Schnee! Das Leben ist nicht fair! Während Sie von Tag zu Tag weiter schrumpfen, werden Sie verbitterter und zürnen der Welt, die Sie betrogen und aus Ihrem Glück und Ihrer Zukunft vertrieben hat.

Was geschah diesem Eisberg? Warum hat das Leben seine Erwartungen nicht erfüllt? War das Leben unfair? Was denken Sie? Aus der Perspektive des Teils des Eisbergs, der sich über Wasser befindet, ist dies sicherlich eine gerechte und akkurate Bestandsaufnahme der Realität. Die Perspektive der Spitze des

Eisbergs repräsentiert jedoch nur zehn Prozent der Realität des Eisbergs als Ganzes! Die Spitze sprach für die Gesamtheit des Eisbergs, aber passte seine Sicht der Welt zu dem größeren Teil seines Wesens? Tatsache ist, dass die Spitze des Eisbergs außer Kontakt mit seinen neunzig Prozent war, die unter der Oberfläche des Wassers lagen. Das Ergebnis war, dass ihm der langsame, sanfte, anhaltende und beharrliche Schub einer südlichen Strömung in den Wassermassen unter ihm verborgen blieb. Wäre er sich seines ganzen Seins bewusst gewesen, hätte er sein Schicksal verstehen und erkennen können, wie alles sich in die natürliche Ordnung der Dinge fügt. Er hätte sein Leben nicht auf eine Weise erfahren, die auf unrealistischen Erwartungen gründet und somit nicht beschlossen, das Leben sei unfair. Er hätte seine Zeit nicht damit verbracht, sich verwirrt, traurig und zornig zu fühlen. Stattdessen hätte er aus dem Leben, das ihm gegeben war, das Beste herausgeholt.

Wir Menschen befinden uns in einer ähnlichen Lage. Wie der Eisberg, richten wir unser Augenmerk auf den Teil unseres Lebens, dessen wir uns bewusst sind - auf unser Wachleben. Wir treffen Entscheidungen nach den Winden der Meinung, des Glücks, der Gewohnheit, die in unserer Wachwelt wehen und beachten kaum jemals, falls überhaupt, jene subtilen und tiefen Lebensströmungen, die die größeren Massen unseres inneren Seins bewegen. Sind wir dann schließlich überrascht, wenn unser Leben sich nicht gemäß unserer Erwartungen verwirklichen? Ist aber das nicht das natürliche Ergebnis, wenn dies das Leben ist, das wir leben, abgeschnitten von der Ordnung eines größeren Teils unseres Wesens?

Ihr authentisches Selbst bezieht alles mit ein, was Sie sind, auch Ihr Wach-Selbst, Ihr Unterbewusstsein und Ihre unrealisierten Potenziale. Der Versuch, Ihr Leben nur aus Ihrer begrenzten Wachperspektive zu leben ist so, als versuchen Sie ein Auto lediglich mit einem Steuer zu fahren, ohne Bremse und Gas. Zum Glück ist es natürlich und leicht, mit den Prioritäten Ihres authentischen Selbst Kontakt aufzunehmen. Julie kam über Nacht zu einem Traum-Ausbrütungs-Workshop, den ich angeboten hatte. Sie war vor kurzem dreißig geworden und war nicht verheiratet. Sie fühlte ihre biologische Uhr ticken und war frustriert, dass Sie nicht in der Lage gewesen war, den richtigen Partner zu finden. Sie wollte einen Traum zu diesem Thema ausbrüten. Am nächsten Morgen weckte Julie mich frühzeitig auf und erzählte mir aufgeregt den folgenden Traum: "Ich bin in meinem Hochzeitskleid und gehe mit meinem zukünftigen Ehemann den Mittelgang einer riesigen Kirche entlang! Er trägt einen schwarzen Smoking. Ich kann sein Gesicht nicht sehen. Ich schaue die Wände der Kirche hoch und überall sind Spinnweben! Dann sehe ich herunter auf mein Kleid und überall krabbeln Spinnen herum und weben Netze! Ich bin entsetzt und wache auf, schockiert!"

Was würden Sie von diesem Traum halten, wenn Sie ihn hätten? Julie dachte, der Traum wolle sie vielleicht warnen, dass die Ehe schlecht für sie sei und dass sie es vielleicht aufgeben solle, jemals einen passenden Partner zu finden. Als wir mit der Kirche sprachen, sagte die: "Ich bin der spirituelle Teil in Julies Leben. Die Spinnen sind in mir zu Hause. Ich mag sie." Die Spinnen sagten: "Wir verschönern unser Zuhause und Julies Kleid mit unseren wunderschönen Netzen! Julie konzentriert sich viel zu sehr auf das Finden eines Partners. Sie ist eine spirituelle Künstlerin und sie hat ihre künstlerische Arbeit vernachlässigt, die ihre Spiritualität ausdrückt. Wenn sie es sich zur Aufgabe macht, die Prioritäten ihres authentischen Selbst durch ihre spirituelle Kunst auszudrücken, wird sich die Angelegenheit, einen Partner zu finden, von selbst erledigen."

Julie war darüber erstaunt. Sie bestätigte, dass sie tatsächlich eine Künstlerin war und es liebte, an spirituellen Themen zu arbeiten, dass sie aber vor einiger Zeit damit aufgehört hatte, weil es so gar nicht zum Finden des richtigen Manns und zur Gründung eines Zuhauses zu passen schien. Was die Kirche und die Spinnen sagten, erschien Julie wahr und sie beschloss, ihren Rat anzunehmen. Sie fasste den Entschluss, ihrer künstlerischen Arbeit wieder den ersten Platz einzuräumen.

Ungefähr achtzehn Monate später, nach einem Gottesdienst in der Kirche, wo ich als Hilfspfarrer diente, kam Julie mit einem Freund zu mir. Sie stellte mich Tom, ihrem Verlobten vor! Sie erzählte mir, dass sie nach dem Traumworkshop zu ihrer künstlerischen Arbeit zurückgekehrt war und versucht hatte, die Ehe aus ihren Gedanken zu verbannen. Als sie dabei war, ihr Leben um ihre spirituelle künstlerische Arbeit herum zu konzentrieren, traf sie Tom.

Diese Geschichte illustriert, dass *Dream Yoga* nicht in erster Linie die Einsicht in sich selbst ermutigt, sondern eher ein tiefes Zuhören. Was Sie hören, sind die Prioritäten Ihres authentischen Selbst. Wenn Sie so wählen, dass Sie aus den Perspektiven heraus leben, die Ihre eigenen einschließen und transzendieren, ziehen Sie Menschen und Lebenserfahrungen an, die mit den Ihren harmonisieren. Manchmal haben Themen,

die an der Oberfläche scheinbar gar nichts miteinander zu tun haben, dasselbe Wurzelsystem tief in uns. Irgendwie war Julies Fokussierung auf ihre spirituell motivierte künstlerische Arbeit eine Priorität, um die sie sich kümmern musste, damit ihr Liebesleben funktionierte.
Wir sehen ebenfalls, wie begrenzt unser waches Verstehen von Träumen sein kann. Die meisten Menschen nähern sich Träumen, um Einsicht zu erlangen. Sie möchten verstehen können, warum sie so sind, wie sie sind und warum die Dinge in ihrem Leben geschehen, wie sie geschehen. Eine verbreitete Reaktion auf verschiedene Selbstentdeckungen ist: "Das wusste ich bereits!" Das ist natürlich wahr, denn auf einer Ebene liegen die Antworten, die wir suchen bereits in uns. Im *Dream Yoga* gibt es einen Ort für die Wachinterpretation und die Projektion und zwar bevor wir Traumcharaktere befragen, wenn wir sagen, warum wir denken diesen Traum gehabt zu haben. Interpretation spielt auch eine Rolle, nachdem wir die Charaktere befragt haben, wenn wir sie fragen, was sie von unseren Interpretationen halten.

Dream Yoga lehrt Sie, sich auf ein viel grundlegenderes, viel wichtigeres Ziel als die Einsicht zu konzentrieren, und das ist die transformative, direkte persönliche Erfahrung. Sie können wirklich nicht mit irgendeiner Sicherheit sagen, wobei es bei einem Gefühl, einem Traum oder einem körperlichen Symptom geht, wenn Sie nicht zuerst jene Aspekte Ihrer selbst konsultieren, die genau so in diesen Themen angelegt sind. Ihre Meinungen werden zurückgestellt zugunsten der Meinungen und der Perspektiven Ihrer verschiedenen Selbst-Aspekte. Was immer und immer wieder geschieht, wenn Menschen *Dream Yoga* praktizieren, ist ein Wandel in der

Gewichtung, ähnlich dem, den wir in der Geschichte mit dem Eisberg sehen. Es gibt einen Wandel der Tagesordnung der Wachziele. Wir nehmen an, dass unsere Wachidentität zu unserem Besten spricht, aber erst die Einbeziehung unserer verschiedenen Selbstaspekte führt wirklich zu unserem Besten.

Während das Bewusstsein des Göttlichen sich durch die Entwicklung hindurch entfaltet, fallen die Ebenen der Authentizität, die jenseits davon liegen, in drei Kategorien. Das sind Energie, Sein und Formlosigkeit. Auf der Ebene der Energie erleben wir die Einheit mit allem Leben als Flüsse der Energie und als Einheit mit der Natur. Wenn Sie sich auf energetischer Ebene im Fluss Ihres Lebens befinden und ein Gefühl grundlegender Verbindung mit allem und jedem haben, dann agieren Sie von dieser Ebene der Authentizität aus. Der größte Teil der energetischen Medizin interveniert auf dieser Ebene. Der Schamanismus der Höheren Ordnung[11], Naturmystik, die meisten Archetypen und psychische Phänomene sind extremer Ausdruck dieser Ebene. Marthas Traum von einem Tornado verkörpert diese Ebene der Authentizität. In dem Traum hatte sie vor der zerstörerischen Kraft eines riesigen Tornados Angst, der über ihre Stadt stürmte. Als sie zum Tornado wurde, entdeckte sie, dass er einen Teil von ihr verkörperte, der ihre Energie und ihre Kraft besaß, die sie selbst nicht hatte.

---

[11] *Das ist der Schamanismus, der die Vernunft transzendiert und mit einbezieht, im Vergleich zu dem, der auf irrationalen Überzeugungen und prärationalem Glauben beruht.*

Dadurch, dass sie in wichtigen Augenblicken ihres Tages übte, der Tornado zu sein, hörte Martha auf, selbstkritisch bezüglich des Chaos zu sein, das manchmal ihren Tag begleitete. Sie erkannte, dass wenn sie authentisch diejenige lebte, die sie war und die Tornadoseite von sich in Besitz nahm, viel effektiver in ihrer Fähigkeit war, anderen zu dienen und ihre eigenen Bedürfnisse zu erfüllen.

Als Margaret ein Mädchen war, träumte sie von einer Fee. Sie sagte: "Ich bin eine fröhliche, engelhafte Energie. Ich bin eine wirklich glückliche, lebendige, andersweltliche Energie. Ich singe." Margaret sagte: "Was tust du?" Die Energie sagte: "Ich bin die Seele eines wunderschönen Sängers. Ich bin hier, um Margaret an ihre göttliche Herkunft zu erinnern. Pass auf! Sieh dir die Situation von einer netten, erhöhten Perspektive an. Sei einfach sehr dankbar. Sei einfach SO dankbar!" Das ist ein weiteres Beispiel, sein authentisches Selbst als göttliche, natürliche Energie zu erleben. Die Liebe zum Leben, die Lebendigkeit von Körperübungen und Sport, Sex, der Natur und der Umwelt sind wichtige Manifestationen einer niedrigeren Tonleiter dieses Bereichs.

Auf der zweiten transpersonalen Ebene, erlebt das authentische Selbst Aspekte von sich nicht lediglich als Energie, sondern als mitfühlendes Herz, das ein Leben der Dienstleistung inspiriert. Das Göttliche wird erfahren als Der Geliebte, mit dem man sich durch Dienst, Hingabe, Gebet und Meditation verbinden muss. Ein Brennpunkt besteht darin, die Einheit mit der Energie zu transzendieren und einzuschließen in eine Erfahrung der Einheit mit der Heiligkeit allen Seins, durch hingebungsvolle Begeisterung und ein Leben geleitet durch göttliche Gnade, wie auch immer wir sie empfangen. Ein Christ wird sie erleben als Einheit mit Jesus, während ein Sufi sie erlebt als Einheit mit Allah. Das Leben, das von dieser Ebene aus erfahren wird, dreht sich um Hingabe an Den Geliebten und Der Geliebte wird in jedem und allem gesehen. Diese Ebene der Authentizität transzendiert spirituelle Archetypen wie Engel, göttliche Meister und Gott als Persönlichkeit, weil der Suchende eins geworden ist mit allen Archetypen. Wenn der Brennpunkt sich von den Erscheinungsformen zu einer Einheit mit jenen Kernabsichten verschiebt, die aller Erfahrung Bedeutung verleihen, kann die Energie z. B. in der Meditation ersetzt werden durch strahlendes, ekstatisches Licht und durch Klänge als Erfahrung des Einsseins.

Die romantische Liebe ist das Echo einer niedrigeren Ebene dieses Bereichs, in sofern, als dass wir Einheit durch Hingabe an eine andere Person suchen und Erfüllung dieser Hingabe erleben in unserer Erfahrung des Einsseins mit ihnen. Sich vorzustellen, die Authentizität der transpersonalen hingebungsvollen Einheit sei ein Zustand dauernder Verzückung, ist jedoch nicht sehr praktisch. Besser ist es, sie sich als ein Leben vorzustellen, das im Einssein mit Ihren zentralen und alles umfassenden Absichten gelebt wird. Wenn zwei Menschen zusammen leben, die eins in ihren Gedanken, Körpern und Gefühlen sind, wird das Leben nicht als dauernde Verzückung erfahren werden oder als ewige Liebe und das sollte es auch nicht. Stattdessen, wird das Leben als beiderseitige, von einander abhängige Unterstützung des anderen gelebt, in einem geteilten Lebensabenteuer.

Mary träumte von einem herrlichen goldenen Licht, dass von einem Turm herab schien. Er sagte: “Ich bin ein Leuchtturm, ein Turm der Hoffnung. Mein Licht glänzt. Da gibt es Gold. Meine

Stärken liegen darin, dass ich für Sicherheit, Schutz und geistige Gesundheit sorge. Ich bin Marys Führer in ihre Zukunft. Wenn ich verantwortlich wäre für Marys Wachleben, würde ich dafür sorgen, dass sie sich bei mir vergewissert. Wenn sie mich mit ihrem inneren Auge sieht, ist sie auf dem richtigen Weg. Wenn sie mich nicht sieht, ist das ein Zeichen, diesen Weg nicht zu gehen. Sie wird mich höchstwahrscheinlich sehen und nutzen können als Hilfe bei jeder Art von Entscheidung. Wenn sie sich mit einer Entscheidung schwer tut, ist es nötig, zum Leuchtturm zu werden." Mary stellte fest, dass sie viel klarer, selbstbewusster und zielgerichteter wurde, wenn sie zum Leuchtturm wurde, wann immer sie sich nicht sicher war, welchen Weg sie gehen sollte.
Die feinste Ebene Ihres authentischen Selbst ist derart unfassbar, dass sie nicht einmal mehr als „subtil" bezeichnet werden kann. Da sie überhaupt keine Form mehr hat, nicht einmal Licht oder Raum, wird sie als ursächliche Ebene bezeichnet, aus der alle Form, jeder Einfall, alle Gefühle, alle Dinge, alle Traumbilder entspringen. Wir können uns diese Ebene vorstellen als die Gesetze, die die Erschaffung des Universums bestimmten. Solche formenden Prinzipien müssen den Formen, die ihre Natur ausdrücken, vorausgehen. Einssein auf dieser Ebene transzendiert und umfasst sowohl die Erfahrung des Einsseins mit Gott als auch das Erleben des Selbst. Nicht, dass es keinen Gott oder kein Selbst gäbe, aber aus dieser Perspektive der Formlosigkeit werden sie eher als praktisch beschreibbare und experimentelle Werkzeuge erlebt denn als absolute Wirklichkeiten. Ihre Hand zum Beispiel hat als Werkzeug keine Bedeutung ohne Ihren Körper. Ganz ähnlich wird die Erfahrung des Selbst von der ursächlichen Ebene aus mehr als Werkzeug gesehen, mit dem sich das

Göttliche in der Welt manifestieren kann, als absolute Wirklichkeit. Aus dieser Perspektive sind Gott und Selbst lediglich zwei weitere Rollen. Das nähert sich dem, was der Buddhismus vermittelt, wenn er vom *annata,* „kein Selbst" spricht und warum er es verweigert, die Wirklichkeit Gottes zu diskutieren. Als Religion der ursächlichen Ebene hält er diese Perspektiven weder für letztlich wirklich oder für die endgültige Erleuchtung förderlich, obwohl beide für das Leben relevant und nützlich bleiben in der wirklichen Welt.

Die ursächliche Ebene der Authentizität sehen wir meist in Kommentaren des Traumbewusstseins, dem Teil in Ihnen, der Ihre Träume erschafft, den wir in dem Prozess befragen, in dem wir eine Traumsoziomatrix erstellen. Sie hatten vielleicht einen Traum, in dem Gott auf die eine oder andere Weise erschien. Da Produzent und Regisseur des Stücks eine breitere Perspektive darstellen als die irgendeines einzelnen Darstellers im Traum, sorgt das Traumbewusstsein für eine noch breitere Perspektive als die eines einzelnen oder die aller Traumcharaktere, Gott eingeschlossen. Das Traumbewusstsein ist kein Charakter, es ist ein klarer Zeuge, der alle Vorlieben transzendiert, ob liebend oder hassend, ohne gleichgültig zu sein.

Diese Ebene des Bewusstseins zu erfahren, ist eine große Hilfe in der Meditation und der spirituellen Öffnung, weil es für eine direkte und persönliche Erfahrung eines spirituellen Ortes sorgt, den man ansonsten kaum beschreiben kann. Man kann ihn durch Jahre der Meditation erreichen oder durch Drogen- oder Nahtoderfahrungen über ihn stolpern. *Dream Yoga* sorgt dafür, dass wir diesen Zustand nicht nur erleben, sondern wieder und

wieder zu ihm zurückkehren können, er sich verfestigen kann in unserer täglichen Erfahrung. Hier folgt ein Beispiel des ursächlichen oder formlosen Zustands, wie er sich im Traum einer Studentin zeigte.
Martina teilte das folgende Lebensthema mit: "Ich fühle mich sehr gelähmt durch die Ereignisse in der Welt: Aussterbende Tiere, Wettrüsten, Kinderprostitution. Es gibt mir das Gefühl, dass wir nicht viel Zeit haben und das hält mich davon ab, ein erfülltes Leben zu leben. Ich fürchte mich vor dem nahen Zusammenbruch des Planeten." Martina teilte dann den folgenden Traum mit: „Ich träumte, von oben auf die Küste eines Kontinents zu schauen. Er sah aus wie Asien. Über ihm war ein dunkler Schatten. Dann war ich auf dem Boden und schaute zu ihm herauf. Ich stellte fest, dass der Schatten aus vier Schichten oder Glashäuten bestand. Dann sah ich die Brust einer Frau. Sie trug ein schwarzes trägerloses Kleid. Sie griff zwischen ihre Brüste und zog etwas hervor, das wie eine Bazooka aussah! Ich wusste nicht, wie sie es angestellt hatte, so etwas in so einem kleinen Kleid zu haben! Sie schoss damit geradewegs durch die Schattenwolke, so dass Licht hindurch fiel."

Martina hatte folgende Assoziationen zu dem Traum: "Was in Korea geschieht, ist wirklich düster, wahrscheinlich noch schlimmer als das, was ich gelesen habe. Das Erscheinen der Wolke über Korea, Russland und China ist sehr beängstigend. Vielleicht auch noch Japan. Vielleicht sind das die vier Schichten. Es ist eine interessante Idee, dass aus dem Herzchakra oder aus den Brüsten einer Frau eine Waffe kommt, die da durch schießt. Ich war erstaunt über die Aggressivität, die da hoch kam, da ich gar keine gewalttätige

Frau bin; aber ich kann die Gewalt verstehen, die ich gegen eine nukleare Bedrohung unseres Planeten fühlen konnte. Ich benutzte eine Art Energie aus meinem Herzen. Ich schlug später die Bedeutung des Wortes „Gewehr“ nach und es hatte etwas mit sexueller Energie zu tun, also denke ich mir, es könnte sich um eine Art ernsthafter Energie handeln, die ich dieser übergreifenden Dunkelheit entgegen schieße.“

Die Wolke sagte sodann: “Ich bin reine Dunkelheit. Man kann leicht durch mich hindurch sehen. Ich bin gut, wunderschön und mysteriös. Ich befinde mich mit Sicherheit über einer Küste und nicht über einem bestimmten Land. Es ist mir angenehm, über dem Rand verschiedener Dinge zu sein – Land und Wasser – weil dieser Rand reiche Unterschiede hat. Was die Frau angeht, die auf mich schießt, das hilft mir einfach, einen anderen Teil von mir zu sehen; mit dem leeren Licht, das durch verschiedene Teile meiner selbst geht, sehe ich die Erde besser, kann besser sehen, was oberhalb von mir ist, einen kleinen Kreis der Leere sehen. Das ist sehr aufregend. Ich mag es!“ „Ich fürchte keine Zerstörung und so ist alles über und unter mir ein Segen. Es ist wunderschön. Ich mache mir keine Sorgen um mich selbst. Ich bin ziemlich zufrieden und beglückt mit dem, was ich bin. Eine Begrenzung, die ich habe, liegt darin, dass ich mich nicht immer anderen mitteilen kann, manchmal werde ich nicht einmal von anderen gesehen. Ich verkörpere am ehesten Dinge, die Martina sieht, aber nicht kennt oder noch nicht versteht.“
„Wenn ich diesen Traum verändern könnte, hätte ich eine vereinigende Unterhaltung oder Beziehung zwischen der Frau und mir, so dass wir mehr eins miteinander werden könnten und aneinander unsere Freude hätten. Ich würde dann weniger

Trennung spüren, mehr Einheit mit mir selbst und meiner Umgebung."

„Wenn ich verantwortlich wäre für Martinas Wachleben, würde ich dafür sorgen, dass sie öfter Schwarz trägt, so ein Seidenschwarz als Ausdruck der Kraft, aber auf feminine Art. Ich würde dafür sorgen, dass sie immer auf meiner Wellenlänge ist. Sie könnte sich durch das Schwarz in ihrer Kleidung daran erinnern, wie ich aussehe und sich auf mich einstimmen. Wenn sie sich auf mich einstimmt, werden die Dinge schärfer, klarer und weniger ihre Entscheidungen oder ihre Verantwortung sein."

„Bezüglich Martinas Gefühl der Furcht, glaube ich, größer zu sein. Ich habe nicht das Gefühl, das Überleben des Planeten zu brauchen. Was sie betrifft, da sie auf dem Planeten ist... Ich kann ihr und ihrer Familie Sicherheit anbieten, wenn das hilft. Ich kann ihr die Richtung weisen, um diese Sicherheit zu erhalten. So kann sie sich weiter bewegen. Ich würde durch das Loch, das die Bazooka gemacht hat, Sicherheit zur Verfügung stellen, das ist so wie ein kleiner Lichtspot, der für sie eine direkte Verbindung mit etwas herstellt, das sie führen kann. Die Botschaften, die empfangen werden, sorgen für Sicherheit auf ihrem Weg. Wenn sie sich dafür entscheidet, den Planeten auf irgendeine Weise zu beschützen, dann werden die Richtlinien dafür kommen."

Auf einer Skala von Null bis Zehn, gab die Wolke sich selbst den Wert „Zehn" in Vertrauen, Mitgefühl, Weisheit, Akzeptanz, Innerer Frieden und Zeugenschaft.

„Ich empfehle Martina, sich vorzustellen, ich zu sein, wenn sie schläft, wenn sie arbeitet und wenn sie sich mit Gott auseinandersetzt. Es erfordert wahrscheinlich etwas Meditation und das Führen eines Tagebuchs. Es wird ein paar Monate dauern, bis sie mich integriert haben wird.

Wolke, glaubst du, dass die Erde dabei ist zusammen zu brechen oder denkst du, das ist bloß Martinas Angst?

„Ich glaube, es ist beides. Wenn nicht sämtliche Berichte und Beobachtungen falsch sind, ist die Zerstörung unseres Ökosystems Erde offensichtlich. Es ist auch Martinas Angst. Sie könnte sich auf eine Menge anderer Dinge konzentrieren. Also würde ich sagen beides."

Was bedeutet dir die Farbe Schwarz?

„Mir als Wolke? Es ist wie die Nacht und es ist wie der Weltraum. Es kann glänzen wie eine schwarze Perle. Nicht viele Menschen denken an Schwarz in dieser Weise. Es ist ein Ort, wo man Ruhe hat und allein sein kann. Es ist etwas Heiliges am Schwarz. Es ist das, was vor dem Licht da war. Es ist unberechenbar. Es hat keine Zeit. Es gibt keine Art, es zu beurteilen. Es ist einfach nur ein Punkt, wo die Dinge entweder ins Sein explodieren oder sich ins Nicht-Sein zusammenziehen. Es ist einfach Teil des eleganten Alles. Es ist nichts, wozu ich ein Gefühl haben kann."

Du erschienst unheimlich, nicht leitend oder tröstend. Warum?

„Martinas Angst zu nutzen, war eine gute Art, an sie heran zu kommen, sie aufzuwecken, dass sie sich erinnert. Es war nicht meine Absicht, damit irgend einen Schaden anzurichten; ich war mir nur einfach sicher, dass dies eine wirklich gute Weise ist, sie zum Aufwachen zu bewegen, eine Weise, an die sie sich erinnern wird."

Martina war emotional sehr bewegt durch diese Erfahrung. Sie hatte das Gefühl, einen Teil von sich erlebt zu haben, der ihr normalerweise so fremd war, dass sie ihn gewöhnlich als Bedrohung missdeutete. Diese Erfahrung half Martina Blockaden zu beseitigen, die sie daran hinderten, Eins mit der ursächlichen Dimension ihres Bewusstseins zu werden.

Übungen

Was sind Ihre Wachprioritäten?

Befinden sich die Prioritäten der Selbst-Aspekte, die einen hohen Wert in den sechs Kernqualitäten Ihres authentischen Selbst (siehe nächstes Kapitel) erzielen, in Übereinstimmung?

Falls nicht, wissen Sie, was zu tun ist?

Kapitel 9

Die sechs grundlegenden Eigenschaften Ihres authentischen Selbst

Es gibt mindestens sechs authentische Kernqualitäten, die immer wieder im Zusammenhang mit den Selbst-Aspekten zum Ausdruck kommen, die Sie befragen. Dies sind Vertrauen, Mitgefühl, Weisheit, Akzeptanz, Innerer Frieden oder Gleichmut und Zeugenschaft. Es gibt noch andere grundlegende authentische Eigenschaften wie Humor, Dankbarkeit, Freude und Kraft, aber ich empfehle Ihnen, sich auf diese zu konzentrieren, sie sind Schlüssel zu allen anderen. Diese Eigenschaften existieren als latente oder ausgedrückte Potenziale in allen Selbst-Aspekten, ob retroperspektiv, persönlich oder prospektiv, sie werden aber stärker und klarer in dem Maß, in dem sich Ihre Identität erweitert und mehr und mehr vom Leben mit einschließt. Selbst-Aspekte werden oft gebeten, sich selbst bezüglich ihrer Eigenschaften auf einer Skala von Null bis Zehn zu bewerten, so wie die Wolke es getan hat in Martinas Interview. Prospektive Charaktere schätzen sich selbst höher ein in den meisten, wenn nicht sogar in all diesen Eigenschaften.

Vertrauen

Ihre spirituelle Identität hat keinen materiellen Körper, also kann sie nicht physisch sterben. Während Sie sie unterdrücken, ignorieren oder nichts von irgendeiner authentischen

Kerneigenschaft wissen, besteht sie dennoch fort. Ähnlich können Sie zwar die Menschenrechte abschaffen, Sie können jedoch nicht das Konzept der Menschenrechte töten. Authentische Eigenschaften, Charakteristika und Prinzipien sind trans-physikalisch. Ihre spirituelle Identität ist ebenfalls nicht emotional oder an Gedanken gebunden, da sie existiert hat bevor Sie denken oder fühlen lernten. Sie ist nicht abhängig von sozialen Beziehungen, um zu überleben. Daher hat sie auch nicht dieselben Ängste vor körperlichem, emotionalem, geistigem und zwischenmenschlichem Verlust wie Sie und ich. Darauf kommt es an, denn es bedeutet, dass Sie sich in dem Ausmaß, in dem Sie sich mit dem Göttlichen identifizieren, als unsterblich erfahren. Das heißt nicht, dass Sie keine besonnenen Vorsichtsmaßnahmen treffen, um sich zu schützen; es bedeutet, dass Sie weniger Gefahr laufen, Entscheidungen auf der Basis von Angst vor Verlust, Versagen, Erniedrigung, Zurückweisung oder Scham zu treffen.

Sara träumte, neben der Straße seien zwei gigantische Süßkartoffeln. Sie hatten Fänge, riesengroße Zähne und kleine Beine! Sie fingen an, ihr zu folgen! Sara fürchtete sich sehr! Sara konnte nicht widerstehen, sie zu befragen. Beide sagten, sie seien ein Charakter. „Ich bin groß und fett und sehe schmierig aus, weil ich gar keine Form habe. Ich bin hässlich. Ich habe kleine Augen und kleine Beine und einen langen, fetten Körper. Ich hänge herum. Das hier ist mein Revier! Wenn irgendjemand in die Nähe kommt, dann werde ich mich behaupten! Wenn Sara mich anschaut, dann weiß sie, dass mir keiner blöd kommt! Sie ist in meinen Bereich eingedrungen, obwohl sie nichts dafür konnte. Wenn ich sie erwischen könnte, dann würde ich sie beißen! Ich würde sie angreifen! Ich tue es,

weil sie Angst hat! Es fühlt sich ganz schön machtvoll an, jemanden so zu ängstigen. Normalerweise fühle ich mich griesgrämig und aufgebläht. Meine Stärken sind, dass ich einschüchternd bin und niemandem erlaube, mich rumzuschubsen. Ich bin sehr fest da.“
Diese Kartoffeln waren offenbar alles andere als süß! Was glauben Sie, worum es in diesem Traum geht, wenn es Ihrer wäre? Lassen Sie sich eine Vorhersage einfallen, bevor Sie weiter lesen und machen Sie sich auf eine Überraschung gefasst! Die Kartoffeln fuhren fort:
“Ich personifiziere Saras inneres Selbst, dass nicht zulässt, dass irgendjemand ihr wehtut. Wir sind ihre süßen Wachhundkartoffeln! Wir sind so fest: Komplexe Kohlehydrate! Ihr Herz muss beschützt werden. In mir ist Zorn, weil Sara nicht aus dem Weg geht und mich meinen Job machen lässt, der darin besteht, sie zu beschützen und sicher zu stellen, dass sie nicht verletzt wird. Sie glaubt, sie muss wachsam sein. Sie hat Angst vor mir, weil ich wütend auf sie bin, weil sie nicht aus dem Weg geht und mich meine Arbeit tun lässt.“

Danach bemerkte Sara: “Platz ist ein großes Thema für mich. Wenn ich das Gefühl habe, dass andere Menschen in meine Sphäre kommen, kümmere ich mich um sie und gebe mir selbst nicht das, was ich brauche. Aber gleichzeitig bin ich so abwehrend und gewappnet, dass ich mir selbst nicht gestatte, mich von dem Teil in mir beschützen zu lassen, dem es erlaubt sein sollte, mich zu beschützen. Außerdem bin ich viel zu sehr auf der Hut vor Dingen, die gar keine Bedrohung sind!“ Die Süßkartoffel sagte, auf einer Skala von Null bis Zehn, Null mit der Bedeutung, die ganze Zeit Angst zu haben und Zehn mit der Bedeutung, völlig angstfrei zu sein, hätte sie eine Zehn in sämtlichen Eigenschaften!

Saras Süßkartoffeln verkörpern einen selbstbewussten handlungsorientierten Aspekt ihrer selbst, der einen höheren Grad der Authentizität zum Ausdruck brachte als sie in ihrem Wachleben. Ihm eine Stimme zu verleihen, machte dieses Potenzial realer, erreichbarer, möglicher in ihrem Wachleben.
Hier und da zeigt sich der Tod als Selbst-Aspekt in einem Traum. Der Tod sagte zu einem Träumer: “Ich diene als Erinnerung, dass ein Übergang von einem Teil in uns in einen anderen immer möglich ist. Ich kann Angst, Wut oder fast alles andere verzehren. Auf der anderen Seite von mir ist die Heilung.“ Vertrauen stellt sich ein, wenn wir irrationale Ängste vor dem Tod überwinden und zu verstehen beginnen, dass das Sterben von Beziehungen und des Körpers nötig sind für das Wiedergeborenwerden. In Margarets Traum, sagte das Feuer, es personifiziere hauptsächlich „einen Teil von Margaret, der Abfall und alte Sachen verbrennt und alte Energie reinigt, so dass du weitermachen kannst. Diese Kraft zur Reinigung ist immer im Gleichgewicht und bereit, ohne Einladung in Margarets Leben zu treten. Diese Art kraftvoller Reinigung muss ab und zu zur Hilfe gerufen werden.“

Sobald wir verstehen, dass wir nicht sterben können, ist es möglich, uns Transformationen zu ergeben, die uns ansonsten in Angst und Schrecken versetzen würden. Ein guter Freund von mir verlor plötzlich einen Geschäftspartner und Verbündeten seines spirituellen Wachstums. Kummer erfasste ihn. Als der Schmerz eine Farbe erhielt, und dann eine Form, wurde er zum alles verschlingenden Bodhisattva Mahakala des tibetischen Buddhismus. Mahakala fraß alles - seinen Kummer, seine Angst vor der Zukunft, sogar seinen Zorn auf den Tod. In der Leere, die folgte, war mein Freund endlich in der Lage, inneren Frieden zu finden und einen Weg nach vorn in seinem Leben.

Stephanie träumte, sie spränge in einen Kanal voller Schlangen, um einen Skifahrer zu retten. Als wir die Schlangen befragten, sagten sie: "Wir personifizieren Stephanies Ängste. Wir werden stärker, wenn man uns ans Licht bringt und versteht, anstatt sich vor uns zu fürchten. Wir bringen eine innere Weisheit, Einsicht und Verständnis des Selbst. Wenn sie auf ihre innere Stimme hört, werden wir ihre Partner sein und ihr heilen helfen. Sie wird nicht länger durch Sachen, die passieren, überrascht werden. Sie wird sich vollständiger fühlen und sich mehr akzeptieren."

Weil sich bei Rosanne in vielen Träumen als häufiges Element Angst meldete, beschlossen wir, sie zu befragen. Wir fragten Rosanne, *Wenn die Angst eine Farbe hätte, welche wäre das?* „Orange. Die Angst ist ein lebendiges Orange." *Wenn die Angst zu einem Objekt oder Ding würde, belebt oder unbelebt, was wäre das?* „Ich bin ein heißes, orangefarbenes Feuer... Ich bin eine Flamme. Angst ist FLAMME." Die Flamme sagte: "Ich bin eine kräftige aber harmlose Flamme. Ich habe eine kühle und eine heiße Seite mit Blau in mir drin." Rosanne fürchtet sich; sie hat Angst. Sie fürchtet sich vor dem Alleinsein: Was ich an mir selbst am liebsten mag, ist meine Freiheit. Es ist schwer zu beschreiben, aber ich kann tun, was ich will. Ich kann überall hingehen. Ich brauche keine Fenster. Ich springe, wenn ich irgendwo hin will. Ich mag meine Hitze. Meine Hitze

repräsentiert Liebe. Es ist einfach Liebe und ich mag mich selbst. Ich würde nichts an mir ändern. Ich habe unbegrenzte Kräfte. Rosanne leistet meiner Kraft Widerstand. Sie akzeptiert sie nicht. In Rosannes Träumen würde ich sie nicht rennen lassen. Ich möchte, dass sie vertraut und keine Angst hat. Wenn sie einfach gehen und vertrauen könnte, würde sie ihren Weg finden. Wenn ich Rosannes Wachleben für sie leben könnte, wäre ich selbstsicherer und würde aufbegehren. Rosanne hat Angst, dass die Menschen sie nicht lieben, wenn sie ihre Wahrheit sagt. Sie würde feststellen, dass es keine Rolle spielt ... nichts Schlimmes würde passieren. Weil Rosanne so ängstlich ist, würde es ihr helfen und sie erleichtern, sich vorzustellen, ich zu sein. Die Menschen würden die Wärme und die Liebe spüren, die sie zu geben hat. Rosanne würde nicht die Zurückweisung fühlen, die sie fürchtet."
Während Rosanne sich selbst auf der Skala von Null bis Zehn für Angstlosigkeit eine drei gab, schätzte die Flamme sich auf Zehn.

Alle diese Beispiele demonstrieren das Vertrauen, dass sich ganz natürlich einstellt, wenn der Angst zugehört wird, wenn sie akzeptiert wird und man ihr auf respektvolle Weise antwortet. Solch ein Vertrauen ist nötige Vorbedingung für die Transformation, die in Ihrem Leben geschehen soll. Sie wird ganz von selbst stärker, wenn Sie sich dazu entscheiden, *Dream Yoga* in Ihrem Leben zu praktizieren.

Mitgefühl

Mitgefühl transzendiert Liebe, weil es ihr Gegenteil umarmt, den Hass. Es kümmert sich genug, um die Bindung an Vorlieben loszulassen und einfach zu dienen, so gut es eben kann. Denken Sie an die Liebe als einen Sonnenaufgang über einem friedlichen Ozean und an das Mitgefühl als die Ganzheit von Ozean und Himmel, unabhängig von Stürmen oder Wellen. Mitgefühl ist der Ausdruck des Bewusstseins, dass andere und man selbst ein und dasselbe sind; in dem wir anderen dienen, dienen wir also uns selbst. Das Mitgefühl ist Zeuge auf eine zutiefst engagierte Weise. Das scheint oft widersprüchlich zu sein, weil dem Mitgefühl das intensive Gefühl der Liebe fehlt, es jedoch eine bleibende Kraft hat, die die Liebe nicht hat, weil intensive Gefühle unausweichlich ihre Gegensätze hervorrufen.

Juanita, die an einem Sonntagabend zum Traum Sangha kam, sagte: “In diesem Traum geschah ein Erdbeben und unser Haus riss sich los und flog ins Meer. Ich war allein im Haus. Ich kann nicht schwimmen. Ich habe keine Ahnung, wie ich es an Land geschafft habe.“ Als wir den Ozean befragten, sagte er: “Ich bin salzig und sorge für Tragkraft. Ich bin in der Lage, Juanita oben zu halten. Ich bin sehr stolz auf mich, dass ich das kann. Ich erzeuge Dünung unter ihr, so dass sie obenauf bleiben kann.“ Juanita erkannte durch diese Erfahrung, dass es einen Teil in ihr gab, der sich immer um sie kümmern und sie unterstützen würde, egal in welcher Weise ihr Leben sie auf die Probe stellen würde.

Louise, die von Spucke träumte, war überrascht, als diese sagte: “Ich bin es leid, Spucke zu sein. Ich bin ein mürrisches, ekliges Ding. Ich würde Louise gern in eine innere Schönheit verwandeln, die unberührbar wäre durch den Schaden, den sie sich selbst zufügt. Sie würde nicht länger denken, sie sei klein und wertlos. Sie würde ihr Leben genießen.“ Louise war erstaunt zu entdecken, dass Spucke mehr Mitgefühl für sie hatte als sie für sich selbst.

Das Mitgefühl neigt dazu, größer zu werden und sich zu vertiefen, wenn man *Dream Yoga* praktiziert. Das mag zum Teil an der Aufhebung der Urteile über Selbst-Aspekte liegen, es mag am wachsenden Einfühlungsvermögen liegen, das die regelmäßige Übung mit sich bringt, die Rolle des anderen einzunehmen. Es mag auch daran liegen, dass man in seinem täglichen Leben die Empfehlungen der Selbst-Aspekte umsetzt, die in sich sehr mitfühlend sind. Da *Dream Yoga* die Erkenntnis vertieft, dass wir alle voneinander abhängig sind und dass alle anderen Aspekte unserer selbst sind, neigen wir natürlich dazu, andere so zu behandeln, wie wir selbst gern behandelt würden. Wir wollen ganz selbstverständlich hinter die Begrenzungen des Egos schauen auf die darunter verborgene Schönheit des authentischen Selbst, die aus allen Menschen heraus strahlt.

Weisheit

Weisheit ist klares, losgelöstes Bewusstsein, ein intuitives Wissen, das dazu führt, zur richtigen Zeit am richtigen Ort zu sein, das zu tun oder zu sagen, was eine höhere, weitere, tiefere Wirklichkeit im anderen erweckt. Weisheit ist etwas anderes als schieres Wissen, das das Leben aufteilt, in den Wissenden und das Gewusste. Weisheit ist einfach

Gewahrsein, Bewusstsein, nicht so wie das Bewusstsein eines Felsens oder einer Pflanze oder eines Säuglings, der sich seiner selbst nicht bewusst ist. Weisheit ist nicht getrübt durch emotionale Vorlieben und lässt sie nicht fallen, ist sich der Vorlieben jedoch bewusst. So sagte ein Ozean zu einem Träumer: "Ich bin seit Millionen von Jahren da, also kann ich dir uralte Weisheit geben."

Ein Spiegel aus Lindas Traum sagte: "Ich personifiziere ihre Weisheit. Meine Stärken sind Reflektion, inneres Wissen, eine ruhige Kraft. Ich bin in diesem Traum, um ihr zu helfen, sich mit mir zu verbinden. Sie weiß nicht so richtig, wie das geht. Sie kann es tun, in dem sie still ist und nachdenkt." In dem sie sich vorstellte, zum Spiegel zu werden, zu den Zeiten, in denen sie gestresst reagierte, wurde Linda nachdenklicher und verfügte über ein inneres Wissen, mit dem sie auf Situationen antwortete.

Andrea träumte, sie bekäme ein Baby. Ihr Baby sagte: "Ich personifiziere Andreas tiefstes, wahres Selbst. Ich bin ihr wahres Selbst, das bereit ist, sich von der Welt nähren zu lassen und auch von ihr. Meine Stärken sind die Weisheit der Vision von Zielen und eine Menge mehr an Vertrauen. Zu diesem Zeitpunkt erkenne ich, dass Andrea vertrauensvoller ist als jemals zuvor in ihrem Leben." Andrea übte, sich vorzustellen, sie sei das Baby, wenn sie anfing, sich zu sorgen, ob sie den richtigen Weg in ihrem Leben nahm. Der Babyteil in ihr half Andrea, mit der Weisheit für eine zielgerichtete Vision in Verbindung zu treten.

Ein Falke in Ellens Traum sagte: “Ich bin auf den Rücksitz von Ellens Auto geflogen, um ihr nah zu sein. Sie kennt und versteht mich. Sie wird mir kein Leid antun. Ich bin hier, um ihr mitzuteilen, dass ich sie sehen kann. Was ich an mir mag ist, dass ich wirklich hoch fliegen kann. Wenn ich ganz oben am Himmel bin, kann ich alles aus einem weiten Blickwinkel betrachten, ohne Tunnelblick. Ich kann die kleinste Maus auf dem Feld sehen. Ich personifiziere Ellens innere Sehfähigkeit, die wie meine ist. Sie kann unter die Oberfläche der Dinge schauen. Wenn sie die ganze Zeit so gut sehen könnte wie ich, hätte sie das Wissen, dass die Schakale, die auf den Geweihenden herumkauen, keinen Schaden anrichten.“ Ellen war amerikanische Ureinwohnerin; die Charaktere erzählten ihr, dass das Bild der Schakale, die an Geweihenden knabbern, ihre Sorge um das Verkümmern der spirituellen Traditionen ihres Volkes ausdrückte. Aus der Perspektive des Falken gab es da für Ellen keinen Grund zur Sorge, da sie ihre Rolle als spirituelle Lehrerin und Heilerin für ihr Volk erfüllte. Ihr Traum war ein Geschenk spiritueller Weisheit, wie sie noch bessere Dienste leisten kann.

Ellen träumte auch von einem alten Mann, der vor einem Haus saß. Als sie er wurde, war sie ergriffen von seiner Weisheit und seiner Fähigkeit loszulassen. Sie hatte zeitlebens das Problem, immer wieder für ihre Mutter empfänglich zu sein, die noch immer ihr Wachleben in Wallung brachte. Der weise alte Mann sagte ihr, sie solle sich vorstellen, er zu sein, wenn sie in der Nähe ihrer Mutter war. Als sie diesem Rat folgte, stellte sie fest, dass sie nicht länger auf ihre Mutter reagierte. Sie wurde zu einem Teil ihrer selbst, dem „alten Mann“, der keinem alten regressiven emotionalen Muster verhaftet war, das aus dem

Drehbuch ihrer Jugend stammt und Teil ihres sozialisierten Ichs war. Dieses Muster der Reaktivität hatte keinen Bezug zu ihrem authentischen Selbst und bestimmte es nicht. Dieser weise prospektive Selbst-Aspekt, diese spirituelle Muse half Ellen, Weisheit im Umgang mit ihrer Mutter zu verkörpern.

Eine besondere Art der Weisheit ist die Vorkenntnis. Es gibt viele Fälle, in denen Selbst-Aspekte Voraussagen für die Zukunft machen. Der Falke zum Beispiel sagte zu Ellen: „Ich sehe, dass es Ellen außerhalb des Reservats gut geht. Sie wird dort ihre Arbeit machen. Zu Anfang wäre das das Beste für sie. Ellen wird immer wieder eine Zeit lang weg vom Reservat sein." Einige Vorhersagen der Selbst-Aspekte sind korrekt, manche weniger, da die Perspektiven, die für einen Charakter wahr sind, nicht unbedingt der objektiven Wahrheit entsprechen. Das ist einer der Gründe, warum wir die weisen Perspektiven eines Selbst-Aspekts mit denen anderer vergleichen und untersuchen müssen, anstatt das, was sie sagen, einfach zu glauben.

Ellen träumte ebenfalls, sie sei im Bett mit ihrem Ehemann und einem anderen Mann, der Al hieß, den sie überhaupt nicht leiden konnte. Sie war wütend auf ihren Ehemann, der die Situation zugelassen hatte. Das Bett stand in einer Hälfte eines extrabreiten Wohnwagens. Als Ellen mit dem Wohnwagen sprach, sagte er, er käme seinem Job, seine Besitzer zu beschützen, nicht nach. Sie seien verwundbar und Al sei eine Invasion. Ellen brachte den Traum in Zusammenhang mit einem Telefonanruf, den sie später am selben Tag erhielt, von einem Mann, von dem sie nichts mehr gehört hatte, seit sie sechzehn oder siebzehn Jahre alt war. Er musste sie treffen. Direkt vor dem Unterricht traf sie sich mit ihm und war sehr verstört, als er ihr erzählte, dass er in sie verliebt sei und das seit Jahren. Der Wohnwagen stimmte zu, dass der Traum ein vorausschauendes Abbild ihrer Gefühle der Verletzlichkeit und der Bedrohung war, die dieser Mann für die Intimität der Beziehung zu ihrem Ehemann darstellte.

Akzeptanz

Wenn es irgendeine Eigenschaft gibt, die als Eingangspforte zu Ihrem authentischen Selbst dient, dann ist das Akzeptanz. Akzeptanz ist die Fähigkeit, das Gute, das Schlechte und das Hässliche im Leben und in sich anzuerkennen, ohne Reaktivität oder Abwehr. Wenn Sie Aspekte Ihrer selbst im *Dream Yoga* befragen, werden Sie feststellen, dass es typisch für Ihre Aspekte ist, sich selbst, die Handlungen im Traum und Sie, den Träumer besser akzeptieren zu können als Sie das tun. Da Ihre Selbst-Aspekte Teile von Ihnen verkörpern, ist die Akzeptanz anderer im Grunde Selbst-Akzeptanz. Ablehnung von anderen ist genau genommen Selbst-Ablehnung. Akzeptanz umfasst die Anwesenheit von Eigenschaften wie Geduld, Kooperation, Einfühlungsvermögen, Urteilsfreiheit, Offenheit und Empfänglichkeit. Sie fühlt sich jedoch nicht verwundbar, schwach oder nicht unterscheidungsfähig. Eine sehr tolerante Schlange sagte zu Neva, einer hübschen amerikanisch-indianischen Frau: "Wenn ich für Nevas Wachleben verantwortlich wäre, würde ich nicht reagieren. Ich kann Dinge in Ruhe lassen. Ich kann die Dinge so akzeptieren wie sie sind. Wenn Neva durch mich dasselbe tun könnte, wäre das Leben leichter für sie. Was ihre Finanzen betrifft, muss sie aufhören, sich darüber Sorgen zu machen, sie in Ruhe lassen. Es wird besser werden. Hinsichtlich ihrer Tochter, muss Neva sich selbst und ihren Reaktionen mehr Aufmerksamkeit zollen. Sie muss aufmerksamer sein und nicht nur einfach darüber schlafen. Ich würde sie wissen lassen, dass die Antwort, die sie sucht, vor ihr liegt."

Es ist wichtig zu verstehen, dass Akzeptanz nicht verwechselt werden darf mit einem „Alles ist in Ordnung", einem relativistischen Blick auf das Leben. Akzeptanz ist kein passiver Mangel an Engagement. Denken Sie an die Sonne, die insofern tolerant ist, als dass sie ihr Licht und ihre Wärme aussendet, unabhängig, was wir denken und fühlen. Das verhindert jedoch nicht, dass wir einen Sonnenbrand bekommen, wenn wir nicht im Einklang sind mit einer gesunden Beziehung zur Sonne. Wenn wir einen Sonnenbrand bekommen, heißt das etwa, die Sonne bestraft uns für das Nichteinhalten von Regeln? Nein. Die Sonne akzeptiert; es ist nicht die Verantwortung der Sonne, dass wir keine gesunde Beziehung zu ihr haben.

Margaret träumte von einem Feuer, das Weizen auf einem Feld verbrannte. Das Feuer sagte: "Wenn ich für Margarets Leben verantwortlich wäre, hätte ich keine Energie, irgendetwas zu tun, bis die Dinge einen bestimmten Punkt erreicht haben. Es muss eine Zeitspanne ruhigen Wachstums oder der Entwicklung geben, bevor die Dinge einen gewissen Punkt erreichen. Ich muss nicht jetzt sofort in irgendetwas hineinspringen." Das Feuer personifizierte Geduld und die Akzeptanz, dass die Dinge Früchte tragen zu ihrer eigenen Zeit.

Sally war sehr selbstkritisch, was ihr Dicksein betraf. Sie schätzte ihre Selbstsicherheit auf einer Skala von 0-10 auf 2 ein. Als sie ihre Selbstsicherheit personifizierte, wurde daraus ein Gecko, der sich selbst oft leckte. Es gefiel Sally, sich vorzustellen, er säße auf ihrer Schulter, wo er ihre negativen Gedanken mit seiner Zunge schnappte. Da sie aufhörte, so selbstkritisch zu sein, akzeptierte sie sich selbst als Mensch viel mehr. Das half ihr, Gewicht zu verlieren, da es nicht länger Ausdruck ihres Mangels an Selbstakzeptanz war.

Wenn Sie feststellen, dass sie andere kritisieren, dann projizieren Sie Ihre Kritik sich selbst gegenüber nach außen. Wenn Sie *Dream Yoga* praktizieren, wird Ihre Akzeptanz gegenüber Ihren Selbst-Aspekten wachsen. So werden Sie ganz von selbst weniger verurteilend und toleranter anderen gegenüber sein. Das heißt aber nicht, dass Ihre Musen Sie nicht zu einem höheren Liebes- und Lebensstandard auffordern werden. Es bedeutet nicht, keine Erwartungen an sich und andere zu haben. Sie werden jedoch feststellen, dass Ihre Erwartungen in dem Maß realistischer und praktischer werden, in dem Ihre Akzeptanz größer wird.

Gleichmut

Innerer Frieden ist vielleicht die grundlegendste und am häufigsten übersehene Eigenschaft des authentischen Selbst. Obwohl innerer Friede etwas ist, das sich die meisten wünschen, machen nur wenige es zu einer Priorität. Das ist ein Unglück, denn die meisten Dinge des Lebens kann man ohne inneren Frieden nicht genießen. Wie können wir Gesundheit, Freundschaften, Wohlstand oder Glück ohne ihn genießen? Nach außen gerichtete Menschen neigen dazu, inneren Frieden als langweilig zu betrachten. Es besteht jedoch kein Widerspruch zwischen einem aktiv gelebten Leben und dem gleichzeitigen Gefühl inneren Friedens. So zu leben bedeutet die Alchimie des Gleichgewichts zu erlangen: Wir sind wachsam und aktiv und entspannt und voller Frieden zur selben Zeit. In so einem Gleichgewicht ist vieles möglich, ohne neigen wir dazu, dieselben Fehler immer wieder zu machen. Ein Fluss personifizierte, dass Ellen eine stille, langsame, ruhige Persönlichkeit hatte und dennoch sehr tief und kraftvoll sein konnte. „Sie fließt prima. Sie ist in der richtigen Richtung unterwegs. Wenn du das Gefühl hast, dass du eingedämmt wirst, kannst du trotzdem mit der Strömung fließen. Du kannst dich gereinigt fühlen und im Frieden."

Ein Ozean teilte Sam mit: "Ich würde versuchen, Entscheidungen zu treffen, die sein Leben leichter machen und weniger Leid bedeuten, ich würde dafür sorgen, dass er meine beruhigenden Einflüsse in vielen Lebenssituationen nutzt. Ich würde meine Kraft einsetzen, um ihm innere Stärke und Kraft zu geben. Er hat ein Gefühl der Hilflosigkeit, wenn er merkt, dass er keine Kontrolle hat und herumgeschubst wird. Ich würde einen stetigen Kurs nehmen und so leicht fließen wie ich könnte, anstatt in einem erregten, agitierten Zustand zu sein."

Viele von uns fühlen sich, als wären sie in einem kleinen Boot auf hoher See verloren, der Gnade der Stürme ausgeliefert, die uns hierhin und dorthin werfen und drohen, uns kentern zu lassen. Stellen Sie sich vor, dass es das ist, was Ihnen in Ihrem Leben passiert. Als Ergebnis dieser Zwangslage, werden Sie Ihr Leben damit verbringen, vor schlechtem Wetter davon zu rennen, auf der Suche nach der Annehmlichkeit und dem

Frieden ruhiger Gewässer. Zu guter Letzt kommen die Stürme jedoch, egal wo Sie sich aufhalten. Sie werden sich wieder als Opfer fühlen, der See überdrüssig, Ihrer unerfreulichen Lebenslage leid. Was aber, wenn Sie in Ihrem Elend einen kleinen Knopf auf dem Deck Ihres Bootes entdeckten mit der Aufschrift, die sagt „Drücken, um abzutauchen?“ Er war die ganze Zeit da, aber Sie haben ihn nicht gesehen! Jetzt sehen sie ihn und es scheint keinen Sinn zu haben. Sie denken: “Wenn ich untertauche, werde ich ertrinken! Das ist genau das, was ich vermeiden wollte!“ Uns so verbringen Sie weitere Jahre, in denen Sie versuchen, schneller als der Sturm zu sein, den unausweichlichen nächsten fürchtend. Der Verzweiflung nahe, mitten in einem nächtlichen, besonders schrecklichen Sturm, in dem es blitzt und donnert, auf und ab geschleudert in heftiger Dünung, erinnern Sie sich verzweifelt an den Knopf. Sie denken: “Was kann ich schon verlieren, wenn ich ihn drücke? Ich werde sowieso in diesem Sturm umkommen. Und wenn nicht, ist es elend, so zu leben.“ Also drücken Sie in einem Akt irrationaler Entschlossenheit den Knopf. Mit Erstaunen beobachten Sie, wie klare, gewölbte Mauern aus Glas sich auf jeder Seite des Boots erheben und über Ihnen zusammenkommen. Ihr Boot beginnt zu sinken. Sie beobachten, wie das Wasser über die Seiten steigt, während Sie hin und her geworfen werden! Sie beobachten, wie das Wasser Ihr kleines gläsernes Schutzdach bedeckt und wie der stürmische Nachthimmel über Ihnen verschwindet! Vielleicht denken Sie: “Oh guter Gott! Ich werde sterben!“ Während Sie weiter nach unten sinken, werden die Bewegungen, die sie hin- und herwerfen, schwächer. Sie müssen gar nicht tief sinken und schon ist es so friedlich und ruhig wie der angenehmste und ruhigste Tag, den Sie je auf See erlebt haben, und doch wütet keine zwanzig Fuß über Ihrem Kopf ein Sturm! Anstatt Meile um Meile zu segeln, um in ruhigere Gewässer zu gelangen, anstatt immer das Kommen des nächsten Sturms zu fürchten, sind Sie über eine Möglichkeit gestolpert, Frieden zu finden inmitten des gewaltigsten Sturms, den das Leben Ihnen bringt! Was für eine erstaunliche, lebensverändernde Entdeckung! Jetzt haben Sie keine Angst mehr vor Stürmen; nun befahren Sie den Ozean nicht länger aus Gründen der Ruhelosigkeit, eines Mangels an Komfort, oder aus Furcht. Stattdessen sind sie frei, ganz da zu sein im Hier und Jetzt, egal wo Sie sind oder was um uns herum geschieht. Sie werden entdecken, dass viele Ihrer Selbst-Aspekte von diesem ruhig-heiteren, meditativen Ort in Ihnen leben und sprechen. Wenn Sie zu ihnen werden, werden Sie lernen, ihre Anwesenheit inmitten der Stürme Ihres Lebens wachzurufen. Auf diese Weise werden Sie Ihr Leben in Besitz nehmen.

Zeugenschaft

Mary träumte, sie säße in einem einfachen Holzstuhl, der über einem Loch in einem Feld stand. Ihr Auftrag bestand darin, die Vögel davon abzuhalten, aus dem Loch herauszufliegen. Sie hatte sich gerade hingesetzt, als die Vögel hochflatterten, raus aus dem Loch und in den Himmel flogen. Erbittert stand Mary auf und trug ihren Stuhl zu einem anderen Loch, wo immer wieder das gleiche passierte!
Als wir die Vögel befragten, sagten sie: "Wir fliegen, wohin wir wollen. Dieser Stuhl kann uns nicht in unseren Löchern halten!"
Die Vögel sagten, sie personifizierten Marys Gedanken und der Stuhl sei eine Metapher für ihre neue Meditationspraxis. Sie

sagten, Mary versuche, ihre Gedanken unter der Oberfläche ihres Bewusstseins zu halten, sie zu unterdrücken, wenn sie sich hinsetze, um zu meditieren. Sie dachte, das sei es, was sie tun sollte, wenn sie meditierte und es verursachte eine Menge Frustration. Die Vögel schlugen vor, sie solle sie fliegen lassen, wohin sie wollten und nicht länger an sie denken, oder daran, den Stuhl von einem Loch zum anderen zu tragen. Warum nicht einfach auf dem Feld sitzen?
Durch die Identifikation mit den Vögeln wurde Mary klar, dass sie ihre Gedanken einfach Gedanken sein lassen konnte und sie sich nicht um sie kümmern musste, sie einfach aufsteigen und sinken lassen konnte, wie sie es wollten. Marys Traum stellte eine ausgezeichnete Beschreibung der Ausbildung des Zeugen dar, der Fähigkeit, uns selbst vorüberziehen zu sehen. Die Erkenntnis, dass wir nicht auf andere reagieren müssen, auf unser Drama in unserem Leben, auf unsere eigenen Gefühle oder Gedanken, das ist ein zentraler Beitrag einer meditativen Praxis. Es ist auch eine zentrale Eigenschaft vieler Ihrer Selbst-Aspekte. Wenn Sie sich mit ihnen identifizieren, werden Sie feststellen, dass Sie Ihr Leben selbstverständlich aus der Perspektive des klaren Zeugen leben.

Stellen Sie sich Ihre Gedanken, Gefühle und körperlichen Wahrnehmungen wie das Wetter vor. Wenn Sie sich gut fühlen, ist es wie Regenbögen und blauer Himmel. Wenn Sie launisch sind, gibt es Wolken. Wenn Sie wütend sind oder Angst haben, ist es Donner und Blitz. Nun stellen Sie sich vor, Sie seien selbst der Himmel. Irgendwo in Ihnen gibt es genau in diesem Moment alle Arten von Wetter. Es gibt Taifune, Schneestürme, Gewitter, dunkle, vom Wind heimgesuchte Meere und friedliche, strahlende Tage, die alle zur selben Zeit in uns miteinander existieren. Werden Sie als Himmel durch all diese verschiedenen Arten von Wetter beeinflusst? Nun ja, sie beeinflussen Ihr Aussehen, Ihre Erscheinung, aber als Himmel sind Sie viel größer als ein bestimmtes Wetter, da Sie jedes Wetter gleichzeitig enthalten können. Sie sind sich jeder Art von Wetter bewusst. Sie verurteilen keines. Sie ziehen keines dem anderen vor. Jedes existiert neben dem anderen in Ihnen, während Sie ein jedes mit gleicher Unparteilichkeit bezeugen. Dies ist eine gute Metapher, um sich der Meditation zu nähern. Sie versuchen nicht, nichts zu denken oder zu fühlen, sondern kultivieren vielmehr ein Bewusstsein, das alles Denken und Fühlen transzendiert und einschließt.

Übungen

Schätzen Sie sich selbst hinsichtlich der folgenden Eigenschaften ein:

Vertrauen:	Akzeptanz:
Mitgefühl:	Gleichmut:
Weisheit:	Zeugenschaft:

Stellen Sie sich noch einmal vor, die Gestalt aus der Übung am Ende des fünften Kapitels zu sein. Fragen Sie, wie sie sich in denselben sechs Eigenschaften einschätzen würde.

Wenn Ihre Werte in manchen Eigenschaften höher liegen als die Ihres Charakters, bedeutet das, dass er sich mit der Bitte um Unterstützung an Sie wendet, um diese Eigenschaften zu fördern. Wenn Sie bei anderen Eigenschaften niedrigere Werte als der Charakter erreichen, hat es die Bedeutung, dass er weiter entwickelt ist als Sie und dass es Ihnen gut täte, sich vorzustellen, er zu sein, in den Umständen in Ihrem Leben, in denen er jene Eigenschaften leicht zur Geltung bringt.

Wie anders sähe Ihr Leben aus, wenn Sie dauernd, auf einer Skala von Null bis Zehn, eine Zehn bei jeder dieser sechs grundlegenden Eigenschaften erreichten?

Hier ist eine einfache aber wirksam Meditationsübung, mit der Sie experimentieren können:

Wenn Sie einatmen, denken und fühlen Sie, was immer Sie wollen.

Wenn Sie ausatmen, lassen Sie jeden Gedanken, jedes Gefühl, jede Wahrnehmung los, in dem Sie Ihr Bewusstsein erweitern. Werden Sie zum „Himmel“.

Seien Sie am Ende Ihres Atems einfach nur klares Bewusstsein.

Wiederholen Sie dies bitte.

Kapitel 10

Befreien Sie sich aus dem Drama Dreieck

Das Drama Dreieck ist ein Konzept, das der Transaktionsanalyse entlehnt ist, ein wahlorientierter Therapieansatz, der in den Sechzigern des Zwanzigsten Jahrhunderts durch den Psychiater Eric Berne entwickelt wurde.[12] „TA", wie die Transaktionsanalyse genannt wird, legt darauf Wert, dass Sie sich selbst Erlaubnis geben, überlebte Lebensmanuskripte abzuschaffen und alte Rollen loszulassen, die die Intimität in der Kommunikation mit anderen blockieren. Lebensskripte sind unbewusste Glaubenssätze darüber, wer wir sind und was für eine Art Leben wir auf Grund unserer frühen Kindheitserfahrungen haben werden. Wenn diese Überzeugungen niemals bewusst und in Frage gestellt werden, dann bestimmen und kontrollieren sie dauerhaft unser Leben.
Psychologisches Drama ist emotionale und persönliche Investition in eine Rolle. Weil wir glauben, unsere Rollen zu sein, so wie Eltern, Ehepartner oder Freund, denken wir, wenn etwas in einer Rolle geschieht, das wir nicht mögen, geschieht es uns selbst. Das ist eine tiefe, grundlegende, weit verbreitete falsche Wahrnehmung, die nicht nur in unseren Wachleben für unbeschreibliches Elend sorgt, sondern auch in unseren Träumen. Das Drama Dreieck setzt sich aus drei Rollen zusammen, Verfolger, Opfer und Retter. Ein Verfolger missbraucht. Sie sind in der Rolle des Missbrauchenden, wenn

[12]Das Konzept des Drama Dreiecks wurde von Stephen Karpman entwickelt, einem Lehrer der Transaktionsanalyse.

Sie Ihre Bedürfnisse vor die Bedürfnisse der anderen stellen und deren Bedürfnisse nicht in Erwägung ziehen. Missbraucher behandeln andere in einer Weise, in der sie selbst nicht behandelt werden wollen würden. Sie sagen: "Du musst bestraft werden, und ich werde dich bestrafen!" „Ich werde das tun, in dem ich dich beschuldige, dich als Sündenbock benutze, dich angreife oder dich ignoriere." Opfer, auf der anderen Seite, weigern sich, Verantwortung zu übernehmen. Wenn schlimme Dinge geschehen, dann wegen anderer Menschen oder Dinge. Opfer sagen: "Warum passiert so was immer MIR?" Sie fühlen sich hilflos, machtlos und außer Kontrolle. Alternativ lieben Opfer es, sich in ihrer eigenen Inkompetenz zu suhlen und klagend zu rufen: "Es ist alles MEINE Schuld! Ich bin schlecht! Ich werde es nie zu etwas bringen!" Retter glauben, sie stellten die Bedürfnisse der anderen vor ihre eigenen. Sie glauben, dass sie anderen aus der Freundlichkeit ihres Herzens heraus helfen, aber das tun sie nicht. Der Unterschied zwischen einem Retter und einem Helfer ist der, dass der Retter annimmt, dass seine Hilfe gebraucht wird und sich einmischt, ohne um Erlaubnis zu fragen, während der Helfer wartet, bis er gebeten wird. Retter machen einfach immer weiter, ohne rückzufragen, ob ihre Hilfe angemessen ist oder überhaupt hilft. Sie gehen einfach davon aus, dass sie geben, was gebraucht oder erwünscht ist. Retter hören nicht auf, wenn die Arbeit erledigt ist. Sie nehmen an, dass sie die Erlaubnis haben, in anderer Weise Beistand zu leisten, auch wenn sie diese nicht haben. Der Refrain des Retters lautet: "Ich strenge mich so an und niemand weiß es je zu schätzen!" „Nach ALLEM was ich getan habe für DICH!!!" Sollten Sie sich jemals so gefühlt haben, ist das ein klarer Hinweis, dass Sie die Rolle des Retters gespielt haben.

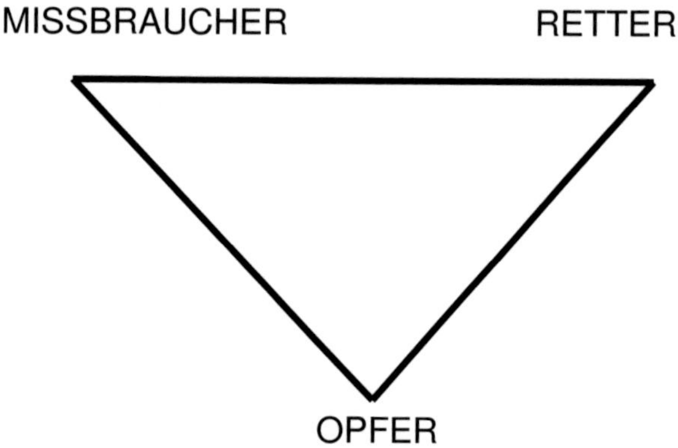

Zumindest zwei Faktoren machen das Drama Dreieck zu einem Spiel. Zuerst und vor allem ist es unehrlich. Spiele haben hintergründige Absichten. Welche Rolle auch immer Sie spielen, Sie sind nicht authentisch, wenn Sie nicht bewusst entscheiden, diese Rolle zu spielen und gesunde Menschen wählen nicht bewusst die Rolle des Missbrauchers, Retters oder Opfers. Wenn Sie bewusst entscheiden, eine dieser Rollen zu spielen, manipulieren Sie, was auch unehrlich ist, es sei denn andere Mitspieler haben zugestimmt, ebenfalls solche Rollen einzunehmen, wie es im Theater, bei Brettspielen oder Wettkämpfen vorkommt. Zweitens tauschen Sie unausweichlich sowohl im Spiel wie im Drama Dreieck die Rollen. Wenn Sie eine Rolle spielen, werden Sie am Ende alle spielen.

Mit anderen Worten, wenn Sie den Retter spielen, werden Sie unausweichlich als Missbraucher gesehen und sich als Opfer fühlen. Der Moral der Geschichte ist die: Spiele eine dieser Rollen und du wirst am Ende alle spielen. Während jeder herausgefunden zu haben glaubt, diesem universellen psychologischen Gesetz trotzen zu können, bleibt es eine bequeme Täuschung. Während der Geschäftsmann zum Beispiel vielleicht denkt: "Ich ziehe meine Kunden über den Tisch und keiner merkt es!" weiß er selbst ganz genau, dass er den Verfolger spielt. Auf jeden Fall aber blockiert er seine persönliche Entwicklung durch seine Unehrlichkeit.

Das Drama Dreieck hilft zu verstehen, warum viele Menschen fernsehen, ins Kino gehen, sich verlieben, Sport treiben oder schauen, sich scheiden lassen, dem letzten und tollsten spirituellen Schrei folgen, mit ihren Familien kämpfen, arbeiten und Pleite gehen. Natürlich ist das Drama Dreieck kaum die einzige treibende Kraft für all diese verschiedenen Beschäftigungen, aber wenn Sie einmal verstanden haben, wie das Drama Dreieck funktioniert, werden Sie es überall sehen, sogar in Ihren eigenen Träumen. Es handelt sich um eine grundlegende Weise, in der Menschen ihr Glück sabotieren. Wenn wir lernen, das Drama Dreieck in unseren Träumen zu erkennen und außer Gefecht zu setzen, werden wir eine der hauptsächlichen Barrieren für unser Wachstum beseitigt haben.

Der Zauberer von Oz enthält großartige Beispiele für das Drama Dreieck. Dorothy ist eine wunderbare kleine Retterin. Zufällig rettet sie die Munchkins vor der Bösen Hexe des Ostens, die sie mit ihrem vom Himmel fallenden Haus zerschmettert. Sie rettet den Blechholzfäller vor dem Verrosten und die Vogelscheuche von ihrer Stange. Sie rettet sogar Oz aus der Heuchelei seiner Verkleidung. Aber die Art, mit der sie unsere Sympathie gewinnt, besteht darin, dass sie sich so wunderbar als Opfer eignet. Zuerst wird sie entwurzelt und verliert ihr Zuhause in Kansas durch einen widerlichen Tornado, der sie verfolgt. Dann versucht eine fürchterlich rachsüchtige Hexe sie zu erwischen. Affen kommen und nehmen sie gefangen. Der Große und Wunderbare Oz, der selbst ein überzeugter Retter ist, macht sie zum Opfer. Dorothy ist ein armes, hilfloses Opfer, das nur nach Hause will! Da Dorothy die Retterin und das Opfer spielt, spielt sie am Ende auch die Missbraucherin. Sie haut dem Feigen Löwen eins auf die Nase, bedenkt Oz mit Schimpfwörtern und bringt die Böse Hexe des Westens um. Und was ist mit dieser Bösen Hexe? Offenbar gab Frank Brown, der Erfinder von Der Zauberer von Oz, ihr nicht einmal einen anständigen Namen, um sie entsprechend zu dämonisieren. Hatte sie nicht versucht, der Person Gerechtigkeit widerfahren zu lassen, die ihre Schwester getötet hatte, die sie als hilfloses Opfer sah? Könnte Dorothy des Mordes in zwei Fällen für schuldig befunden werden, der fahrlässigen Körperverletzung, dafür, dass sie dazu beitrug, zwei Menschen zu töten? Was ich damit sagen will ist folgendes: Wer welche Rolle spielt, ist lediglich eine Frage der Perspektive und der Zeit. Das macht das Drama Dreieck so gefährlich.

Margo teilte den folgenden Traum mit, der die Macht und Überzeugungskraft des Drama Dreiecks sogar in unseren Träumen illustriert: “Ich bin in einem Raum voller Menschen, die ich nicht kenne. Jeder von ihnen hat die Diagnose Krebs erhalten, auch ein Mann, der dort ist. Einer Frau, mit der ich mich unterhalte, wurde Krebs in ihrer linken Hand diagnostiziert, der sich nicht ausgebreitet hatte. Ich sage ihr, dass diese Idee zwar altmodisch ist, aber warum schneiden Sie ihre Hand nicht einfach ab? Dann müssen Sie nicht sterben.“

Es war Margo ziemlich klar, wie den meisten Beobachtern, dass der Krebs ein Missbraucher ist. Er tötet Menschen. Als er befragt wurde, bestätigte der Krebs das mit folgenden Bemerkungen wie: “Ich mag es sehr, dass ich in all diesen Leuten bin. Das ist das, was ich mache. So lebe ich. Ich mag es, in der Hand dieser Frau zu sein. Es wird nicht lange dauern, bis ich an anderen Orten bin. Ich liebe es, unkontrollierbar zu sein. Ich kann alles tun, was ich will. Niemand kann mich aufhalten. Ich mag die Konversation über das Abschneiden ihrer Hand. Es amüsiert mich. Ich werde mich trotzdem ausbreiten. Die Menschen sollten einen absoluten Horror vor mir haben.“ Wir können zu der Erkenntnis kommen, dass der Krebs ein Teil dieses Träumers ist, der missbraucht und den Missbraucher spielt.

Der Raum, die Menschen, die Frau und die Hand sahen sich auf verschiedene Weise selbst alle als Opfer des Krebses. Der Raum zum Beispiel sagte: “Ich mag den Krebs nicht, den all diese Leute haben. Aus diesem Grund ist diese negative Energie in mir. Ich mag mich nicht. Ich fühle mich wie voll mit einer Ladung schlechter Energie.“ Bemerken Sie, dass der Raum sich überwältigt fühlt durch etwas Negatives, das größer ist als er selbst. Er fühlt sich machtlos, irgendetwas zu ändern. Die Konsequenz für den Raum ist die, wie es oft bei uns der Fall ist, dass wir am Ende uns selbst nicht mögen, weil wir uns schwach und außer Kontrolle fühlen.

Die Träumerin sieht sich selbst als Retterin. Als Traumselbst, als ihre Traumidentität, sagt sie: “Ich liebe mich selbst. Ich hasse die Krebsdiagnose, weil es eine schlimme Sache ist,

Krebs zu haben. Ich hasse es, dass alle Krebs haben, weil das böse ist und weil er sie töten wird. Ich glaube, dass all diese Menschen sterben werden, wenn sie Krebs haben. Ich mag die Idee, der Frau ihre Hand abzuschneiden, weil es eine Lösung ist, den Krebs zu stoppen." Retter haben normalerweise eine hohe Meinung von sich, was das Liefern der nötigen Lösung betrifft. Auch Retter sind sicher, dass sie sowohl das Problem verstehen als auch, was getan werden muss, um es in Ordnung zu bringen, genau wie diese Träumerin.

Da all diese Charaktere Aspekte der Träumerin sind, ist sie sich natürlich selbst Verfolger, Opfer und Retter zur selben Zeit! Das veranschaulicht die Unausweichlichkeit, die Last aller Rollen auf sich nehmen zu müssen, sobald wir eine von ihnen einnehmen, obwohl wir das anfangs nicht merken. Es zeigt auch, dass Sie *keinen anderen Menschen missbrauchen können ohne den Teil von sich selbst zu missbrauchen, den er personifiziert*. Sie können keinen anderen Menschen retten, ohne die Teile in Ihnen selbst zu entmachten, die sie personifizieren. Sie können keinen anderen Menschen zum Opfer machen, ohne in sich selbst einen Krieg zu entfachen! Diese Wahrheiten stehen nicht zur Diskussion. Es sind keine Meinungen. Es handelt sich um psychische Tatsachen, die Sie sich selbst beweisen können und sollten.

Im Zauberer von Oz träumt Dorothy. Sie ist deshalb durch und durch Opfer, weil sie nichts von ihrer Fähigkeit weiß, jeder Zeit nach Hause kommen zu können. Zu jedem Zeitpunkt kann sie wählen, aus dem Drama Dreieck ihres eigenen persönlichen Traums zu treten und aufzuwachen. Es ist für keinen von uns leicht, an den Punkt zu kommen, wo uns klar wird, dass wir die ganze Zeit über hatten, wonach wir suchten. Wie also beschleunigen wir unser Entkommen aus unserem persönlichen Drama Dreieck? Die Antwort liegt im Verständnis der Giftigkeit dieser Rollen und darin, sich in Beziehung zu ihnen an einen neutralen Ort zu begeben. Dieser Ort kann bezeichnet werden als das Annehmen der Rolle des „Helfers." Helfer halten inne und überprüfen, ob ihre Beiträge in der Tat hilfreich, wirksam und willkommen sind. Helfer halten inne und warten auf eine Bitte um zusätzliche Hilfe, anstatt automatisch davon auszugehen, dass ihre Hilfe gebraucht wird. Ausnahmen davon sind öffentlich ernannte Retter, wie Krankenschwestern, Polizei und Feuerwehr.[13]

Helfer sind relativ frei. Sie haben den Zeugen in Bezug auf gewisse eigene Drama Dreiecke im Leben kultiviert. Wenn sie im Leben Rollen spielen, tun sie das, um allen empfindungsfähigen Wesen zu dienen. Wir haben gesehen, dass dieser Ansatz im Buddhismus *upaya* genannt wird oder „kluge Nächstenliebe". Avatare und Bodhisattvas sind in der korrekten Auffassung dieser Rollen keine Retter sondern göttliche Helfer. Helfer verfügen auch über ausgleichende Eigenschaften, die wie ein Gegenmittel auf die drei Rollen des

[13]Menschen in diesen Rollen sind streng genommen keine Retter, denn wir haben ihnen stillschweigend Erlaubnis erteilt, unsere Tür einzuschlagen oder uns einen Strafzettel auszustellen oder uns die Kleidung auszuziehen als Teil unseres sozialen Kontakts. Da das nun gesagt ist: Menschen, die von helfenden Berufen angezogen werden, fühlen sich oft in der Rolle des Retters ausgesprochen wohl und ergreifen einen Beruf, der diese Haltung bestätigt. Das erschwert es ihnen, „aufzuwachen" und die Wahl zu treffen, nicht im Drama Dreieck hängen zu bleiben.

Drama Dreiecks wirken. Sie heißen Weisheit, Frieden und Mitgefühl.

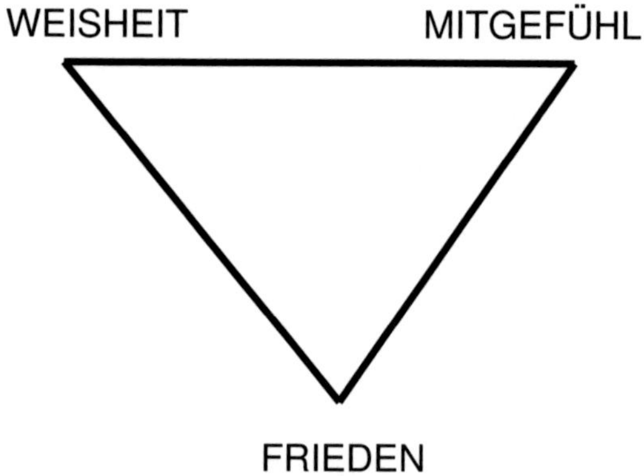

Diese Dreieinigkeit von Kerntugenden geht zurück auf das axiale Genie Sokrates, der vierhundert Jahre vor Christus in Athen lebte. Er kannte diese Dreiheit als Wahrheit, Schönheit und Güte. Wahrheit ist nicht Wissen, das ist gesammelte und verstandene Information. Ein Mensch kann ungeheuer viel wissen und wenig Weisheit besitzen. Man sollte an die Wahrheit auch nicht denken als an etwas, das nicht falsch ist, denn was heute wahr ist, hat die unangenehme Eigenschaft, morgen nur noch teilweise wahr zu sein. Wahrheit ist Weisheit, die durch den Menschen erlangt wird, in dem er die harten Lektionen des Lebens lernt, entweder selbst, oder stellvertretend, in dem er durch die Fehler anderer lernt. Ein weiser Mensch erkennt, dass er unausweichlich alle drei Rollen des Drama Dreiecks spielen muss, wenn er eine spielt. Auf Grund dieses Bewusstseins, treffen sie im Leben eine Wahl, die sie aus diesem unbewussten Karussell des *samsara* herauszieht. Samsara ist im Sanskrit das Wort für falsche Wahrnehmung, Täuschung, Illusion und Unwissenheit. Weisheit bedeutet zu erkennen, was wir uns selbst antun, das tun wir anderen an, denn phänomenologisch sind die Anderen Verkörperungen von Aspekten unserer selbst.

Weisheit ist ein natürliches Gegenmittel für den Missbrauch, denn Menschen, die dieses Prinzip wirklich verstehen, können und wollen nicht aus der Absicht heraus handeln, andere zu missbrauchen.

Wenn Sie Ihre Selbst-Aspekte fragen, wie sie sich bezüglich ihrer Weisheit einschätzen, von Null bis Zehn, werden ein paar niedrige Werte haben, aber andere werden weiser sein als Sie selbst. In dem Sie ihre Eigenschaften verinnerlichen, handeln Sie nicht nur weiser in Ihrem Wachleben, sondern auch in Ihren Träumen. Als Ergebnis neigen Sie weniger dazu, sich selbst oder andere zu missbrauchen, weil Sie wissen, dass das Missbrauchen anderer heißt, den Teil Ihrer selbst zu missbrauchen, den sie repräsentieren. Diese Wahrheit gilt für Ihr Träumen und Ihr Wachen.

Frieden ist eine Manifestation der Harmonie, oder der richtigen Proportion der Dinge, was auch eine gute Beschreibung der Schönheit ist. Wo Harmonie existiert, gibt es inneren Frieden, Gleichgewicht, emotionale Ruhe, Nicht-Reaktivität und spirituelle Klarheit. Frieden ist ein Gegenmittel für Opferung, denn wenn wir nicht länger auf unsere Umstände reagieren, erleben wir uns nicht länger als Opfer.

Im Gegensatz zur üblichen Meinung, bedeutet Frieden nicht die Abwesenheit von Konflikt, sondern viel mehr die Stabilität, die daher rührt, dass wir den Konflikt ausbalancieren und dadurch transzendieren. Physiologisch nennen wir eine konstante Auseinandersetzung Homöostase. Ohne diese Selbstregulation werden wir krank und sterben. Alles befindet sich in der Auseinandersetzung. Frieden ist die Erfahrung der Integration der Gegensätze niederer Ordnung in die höhere Ordnung. Wenn wir Eins mit dem Frieden sind, reagieren wir nicht auf die Rollen, die wir in unserem Wach- und Traumleben einnehmen müssen. Auf eine Art werden wir durchsichtig im Blick auf unser Leben. Durchsichtigkeit heißt, unseren Dramen gegenüber wach zu werden, ohne den Versuch, sie zu manipulieren, zu verändern oder zu kontrollieren, so wie der Himmel Wolken, Unwetter und Tornados mit Gleichmut umarmt. Wir akzeptieren einfach, was passiert und respektieren Ereignisse und Menschen für das, was sie sind.

Wenn Sie Ihre Selbst-Aspekte befragen, wie sie sich hinsichtlich ihres Friedens einordnen, werden Sie wieder feststellen, dass manche niedrigere Werte haben als Sie und manche höhere. In dem Sie den Bedürfnissen der Aspekte zuhören, die weniger Frieden kennen als Sie, bestätigen Sie sie und bewirken, dass sie sich entspannen und zur Ruhe kommen. Sie fühlen sich genährt und sicherer und werden sich nicht ausagieren. Wenn Sie den Frieden der Selbst-Aspekte erfahren, die von selbst mehr Gleichmut als Sie erleben, dann erweitern Sie Ihr Selbstgefühl, um ein bisschen von dieser weiteren, entspannteren, weniger besorgten Perspektive zu assimilieren.

Mitgefühl umfasst mehr als das, was liebenswert ist, denn was wir lieben, mag nicht immer gut für uns sein. Güte ist im Grunde genommen die nicht losgelöste Fürsorge, die mit der Fähigkeit entsteht, sich in alle Seiten einer Situation, ob gut oder schlecht, einzufühlen. Im Fall des Drama Dreiecks bezeugt das Mitgefühl das Drama unserer Identifikation mit den Rollen des Verfolgers, des Opfers und des Retters, ohne zu urteilen. Mitgefühl ist ein Gegenmittel für das Spielen des Retters, denn wenn Sie sich wirklich um andere Menschen kümmern, sehen Sie die Dinge aus ihrer Perspektive. Als Ergebnis zeigen Sie ihnen Liebe, in dem Sie fragen, Rückmeldung suchen und aufhören Ihre Unterstützung anzubieten, wenn es angebracht ist.

Wenn Sie Ihre Selbst-Aspekte befragen, wie sie sich hinsichtlich ihres Mitgefühls einschätzen, werden Sie merken, dass viele von ihnen gefangen sind in einem „ich mag dies und ich mag das“, in einem „ich liebe dies, ich liebe das“. Sie stehen unter der Kontrolle der Achterbahn ihrer Gefühle und bewegen sich von oben nach unten. Sie werden jedoch andere Aspekte Ihrer selbst finden, die mehr Mitgefühl haben als Sie. Sie haben mehr Einfühlungsvermögen mit den unangenehmen Lagen Ihres Lebens als Sie! Diese Musen können uns mit einer Tiefe unterstützen und nähren, die unter Menschen selten ist. Wenn Sie sie finden, existiert die Einsamkeit nicht länger, weil Sie die grundlegende Fürsorge spüren können, die Ihre Liebe immer für Sie hat.

Jede dieser drei Gegenmittel hat ihre eigene dunkle Seite. Der Schatten der Wahrheit ist Unwissenheit. Unwissenheit ist das Denken, wir seien unser Selbst und könnten sterben oder

Ablehnung, Verlust, Schmerz oder Versagen erleiden. Wir wissen, dass das nicht wahr ist, denn wann immer wir unser Gefühl des Selbst untersuchen, finden wir kein monolithisches, unsterbliches „Ich“. Stattdessen finden wir Rollen und noch mehr Rollen. Unwissenheit heißt zu denken, es sei möglich andere zu missbrauchen, ohne uns selbst Schaden zuzufügen. Individuen und Systeme, die die Suche nach der Wahrheit betonen, wie die Wissenschaft, der Hinduismus, der Buddhismus und die Philosophie, haben die Neigung, ihrer Unwissenheit gegenüber blind zu sein. Sie sehen ihre eigenen Widersprüche nicht, nicht den Schaden, den sie sich selbst zufügen durch die Art, wie sie andere behandeln. Einige Beispiele dafür sind das Kastensystem der Hindus, wissenschaftliche Experimente an Lebewesen, das harte feudale System der tibetischen Kultur, und in der Philosophie die sich widersprechenden Beweise der Existenz Gottes oder einfach nur die Argumente für einen Krieg. Sie alle unterlaufen die Glaubwürdigkeit unserer Behauptungen, weise zu sein oder die Wahrheit zu kennen oder zu wissen, was wirklich ist.
Der Schatten der Liebe ist der Hass, und die Wurzel des Hasses ist Angst. Systeme, die sich auf Liebe gründen, wie das Christentum, neigen dazu, im Selbstmissbrauch der Sünde und Schuld zu schwelgen und in der Angst vor ewiger Verdammnis. So paradox es klingen mag, Systeme, die auf Liebe begründet sind, neigen zur Ausschließlichkeit. Ken Wilber führt ein gutes zeitgenössisches Beispiel an, in dem er das Postulat egalitärer und nichthierarchischer postmoderner politischer Korrektheit beleuchtet, das heute auf den Campi der Colleges weit verbreitet ist. Während es die Absicht dieser Perspektive ist, alles Leben zu respektieren und zu schätzen, in dem versichert wird, dass alle Menschen, alle Kulturen und alle

Verhaltensweisen gleich sind, kommt es doch rüber als selbstgerecht, widersprüchlich und heuchlerisch, da es jeden Ansatz ablehnt, der hierarchisch und nicht egalitär ist, weil das als minderwertig betrachtet wird. Das ist ein gutes Beispiel für das, was passiert, wenn wir ein Extrem umarmen, in diesem Fall die Gleichheit und wir so seine dunkle Seite hervorrufen: Die Ablehnung der Tatsache, dass es eine gesunde Ungleichheit gibt.

Der Schatten des Friedens ist das Chaos. Systeme, die auf Harmonie gründen, wie die Chinesische Religion, pazifistische Gruppen und die Meditation neigen zu Unterdrückung und zur Vermeidung und werden herausgefordert durch Verwirrung und dadurch, dass sie aus dem Gleichgewicht geraten. Wenn wir unser Leben um das Streben nach Frieden herum aufbauen, neigen wir dazu, Angst vor Disharmonie zu haben und aus der Balance zu geraten. Die meisten Menschen verschwenden eine Menge Lebenszeit in dem Versuch, das Glück zu suchen ohne zuerst den Frieden ihres Geistes sicherzustellen. Das funktioniert nicht, denn Geld und Glück ohne Frieden ist leer. Liebe ohne Frieden ist stürmisch und unbefriedigend. Weisheit ohne Frieden hat keine innere Grundlage. Gesundheit ohne Frieden ist eine Fata Morgana und unmöglich zu genießen. Deshalb ist innerer Frieden eine Voraussetzung für wahrhaftigen Genuss jeder Form des Glücks.

Die meisten Menschen, die meisten Bücher und die meisten Systeme ziehen einen dieser Ansätze den anderen vor. Ich zum Beispiel hatte die Neigung, Wahrheit und Weisheit zu bevorzugen. Konsequenterweise hatte ich Probleme, meine Unwissenheit zu akzeptieren. Ich war misstrauisch gegenüber

Systemen, die auf Liebe begründet waren, weil ich intuitiv wahrnahm, dass sie Schuld und Angst ermutigten, die ich bereits im Übermaß besaß. Ich wusste jedoch, dass ich lernen musste, mitfühlend zu sein und meinen Mitmenschen zu dienen. Ich dachte, die beste Art, dies zu tun, sei Psychotherapeut zu werden. Aber lieben und sich kümmern war für mich nichts Natürliches, denn ich liebte mich selbst nicht besonders und kümmerte mich nicht um mich. Das Resultat war, dass ich kein besonders guter Psychotherapeut war, obwohl ich recht viel Wissen besaß. Ich konnte mich nicht zwingen, mehr zu lieben, denn ich musste einen anderen Schritt zuerst tun. Der bestand darin, inneren Frieden zu erlangen und nicht auf meine Selbstkritik zu reagieren und mich selbst für das zu akzeptieren, was ich war, mit allen Schwächen und Fehlern. Als ich das lernte, wurde meine Fürsorge für andere echt und war nicht länger gezwungen. Ein ausgeglichener Helfer zu werden bedeutet nicht nur, aus dem Drama Dreieck auszusteigen, sondern das Respektieren und Ausgleichen von Weisheit, Mitgefühl und Frieden zu lernen, jeder auf seine Weise.

Träume lösen das Drama Dreieck auf, in dem sie die drei Rollen des Retters, Opfers und Missbrauchers in eine Zeit und zu einer Identität zusammenfallen lassen. In Ihrem Wachleben verändern Sie mit der Zeit Ihre Rollen. Das hält Sie davon ab, die Unbeständigkeit dieser Rollen zu erleben. Es kann Sie sogar von der Erkenntnis abhalten, dass Sie die eine oder die andere Rolle des Drama Dreiecks spielen. In Ihren Träumen erleben Sie sich in allen drei Rollen, aber mit einem bedeutsamen Unterschied: Sie erleben sich selbst in allen drei Rollen zur selben Zeit im Kontext der anderen Teile Ihrer selbst.

Wenn Sie also eine Rolle spielen, spielen Sie alle; erleben Sie einen anderen Traumcharakter in der Rolle des verfolgenden Monsters, machen Sie sich bloß selbst Angst und verfolgen sich selbst. *Dream Yoga* beschleunigt den Prozess, das Drama Dreieck anzuhalten, in dem es anschaulich darstellt, wo Sie in Drama Dreiecken in Ihrem Leben feststecken. Wie wir in Margos Krebstraum gesehen haben, wenn Sie Retter, Opfer oder Missbraucher in Ihrem Leben spielen, werden Traumcharaktere diesen Rollen in Ihren Träumen eine Stimme verleihen. Wenn Sie Ihnen zuhören und diese inneren Konflikte neutralisieren, mit Weisheit, Mitgefühl und Frieden, werden Sie aufhören, Ihre inneren Dramen als Dramen Ihres Wachlebens zu inszenieren. Das ist die Entwicklung vom Karma zur Gnade, der wir uns nun zuwenden.

Übungen

Auf wie viele unterschiedliche Weisen können Sie das Drama Dreieck in Ihrem Leben und im Leben der Menschen in Ihrer Nähe erkennen?

Inwiefern ist das Drama Dreieck für Ihr Leben richtungweisend und bedeutsam?

Wie hat das Drama Dreieck Ihr Glück und Ihren geistigen Frieden sabotiert?

Kapitel 11

Vom Karma zur Gnade

Tina erzählte mir den folgenden Traum: "Ich bin eine kleine, junge Löwin in einem Käfig. Da ist noch ein Löwe, den jemand in den Käfig geworfen hat, damit er mich frisst! Und wirklich, er fängt an, an meiner Pfote herumzukauen! Um ihn abzuhalten, tue ich so, als ob ich tot wäre und er schläft ein. Als ich denke, dass er tief schläft, beginne ich, herum zu spazieren, aber er wacht auf! Wir fangen an zu reden, was wirklich verrückt ist. Der Löwe verwandelt sich in meinen Ehemann Ralph! Ich sage ihm, dass wer auch immer ihn in meinen Käfig geworfen hat, versucht hat, mich umzubringen. Ralph hilft mir, aus dem Käfig zu entkommen, denn die Leute versuchen, uns beide zu töten. Er kämpft und besiegt sie. Dann verwandeln wir uns von Löwen in Menschen. Sehr seltsam!"

Als wir den Käfig befragten, erzählte er Tina, wenn er Verantwortung hätte für ihr Leben würde er ihr die Fähigkeit verleihen, sich auf die Zunge zu beißen, wenn sie frustriert sei, so dass sie nicht gewalttätig wie ein Löwe werden müsse. Sie wäre verständnisvoller anstatt überzureagieren. Ein Teil von ihr, der andere Löwe, hilft einem bösen Teil in ihr, sie gefangen zu nehmen und zu töten. Der Käfig empfahl ihr, nicht in die Luft zu gehen, wann immer Ralph ihr Feindschaft entgegenbringe, weil es den Blick von Ralph als Missbraucher auf Tinas Überreaktion lenke. Er empfahl ihr ebenfalls, sich einen Job zu suchen, so dass sie unabhängiger von Ralph würde. Der Mann, der den Löwen in den Käfig warf, sagte Tina, er sei ein Teil von ihr, der sie unter seiner Kontrolle behalten wolle und sie in dem Glauben lassen wolle, sie könne nichts anderes tun, als das, was sie täte. Sie erkannte, dass sie abhängig ist von einem kritischen, missbrauchenden Teil in ihr selbst. Tina sagte: “Was ich mich selbst habe sagen hören, ist, dass ich mich eingesperrt fühle. Ich denke, ich habe ein nettes Leben, aber bestimmte Entscheidungen kann ich nicht treffen und ich fühle mich in der Falle. Ralph fühlt sich auch in der Falle. Er wollte mich töten; er hat mir einiges vom Leben genommen. Aber als er merkt, dass er mich liebt, hilft er uns beiden zu entkommen. Vielleicht ist es das, was ich wirklich will, aber da gibt es einige Hindernisse auf diesem ganzen Weg. Ich kriege immer noch Tobsuchtsanfälle. Das nimmt allem etwas, was ich tue. Ralph ist dabei, meine Pfote zu fressen. Offensichtlich nimmt er mir noch immer Dinge weg. Er verletzt mich. Ich möchte gern glauben, dass er mich retten wird, aber er tut mir immer noch weh.“

Tina war eine höchst attraktive Lehrkrankenschwester, hatte eine fünfzehnjährige Tochter und war seit zehn Jahren in zweiter Ehe verheiratet. Sie fand sich in einer häufig anzutreffenden Zwangslage: Finanziell sicher mit einem sie verbal missbrauchenden Ehemann, von dem alle wussten, dass er unzählige Affären hatte, von denen sie lieber nichts wissen wollte. Ihr war elend zumute, aber sie war finanziell und emotional zu abhängig, um zu gehen.

Das ist ein gutes Beispiel dafür, wie eine lebenslange, nicht in Besitz genommene Angst nach außen projiziert wird. In diesem Fall hatte Tina Angst, ihre Wut könne andere verletzen. Sie stellte fest, dass sie von Männern angezogen wurde, die stark waren und sie mit Worten missbrauchten, wie ihr Vater. Da sie den sie missbrauchenden Teil ihres Vaters, der noch immer mietfrei in ihren Gedanken wohnte, nicht erkennen und ihm nicht zuhören konnte, wurde dieses Muster in einer Weise nach außen projiziert, die nicht ignoriert werden konnte, in dem es sie in Beziehungen mit kontrollierenden Männern verwickelte. Ihrem Traum zuzuhören, gab Tina die Gelegenheit zu erkennen, dass sie alle drei Rollen des Drama Dreiecks spielte. Als Mann und als Löwe, missbrauchte sie sich selbst. Als Ralph, wechselte sie sich darin ab, sich selbst zu retten und zu missbrauchen. Als junge Löwin spielte Tina das Opfer. Als sie zuhörte, was diese Teile von ihr zu sagen hatten, begann sie zu verstehen, dass das Drama Dreieck in ihrer Beziehung mit Ralph nach außen projiziert worden war, weil sie ihre eigene innere Abhängigkeit von diesem Drama Dreieck nicht angesprochen hatte. Lebenslange Abhängigkeiten von Dramen sind nicht leicht zu überwinden, nicht einmal mit *Dream Yoga*. Deshalb ist es weise, dauerhaft mit einem *Dream Yoga Practitioner* zu arbeiten, der Ihnen helfen kann, sich mit Ihrem authentischen Selbst zu identifizieren. Tina verließ die Therapie und blieb bei Ralph. Innerhalb von zwei Jahren war ihre Tochter schwanger und der Kreislauf begann wieder von vorn, heruntergereicht an eine weitere Generation. Das ist ein exzellentes Beispiel für Karma.

Das Wort Karma stammt aus dem Sanskrit für Handlung. Es wird zwar oft benutzt, um die Reinkarnation zu erklären, hat aber eine viel grundlegendere Bedeutung. Im Sanskrit, Hinduismus und im Buddhismus, kann es „Handlung“ bedeuten oder aber „göttliches Gesetz“. Auf einer persönlichen Ebene bezieht es sich auf unser Gefühl der Verantwortung für die

Konsequenzen unserer Handlungen, Gedanken und Gefühle. Karma wird oft verstanden als die nach außen projizierten Konsequenzen unseres Verhaltens im Spiegel unserer äußeren Umstände. Oft sehen wir keine inneren Konflikte, da sie subjektiv sind; wir sind ihnen zu nah, als dass wir sie verstehen könnten. Solch innere Konflikte werden erst in Träumen zu Objekten. Die wenigsten Menschen verfügen jedoch über die Werkzeuge, um diese Warnzeichen zu verstehen. Wenn das, was wir in unseren Träumen nach außen projizieren nicht reicht, um den Konflikt aufzulösen, was selten der Fall ist, wiederholt sich die Darstellung des Ungleichgewichts und zeigt sich in Form von sich wiederholenden Träumen oder Albträumen. Wenn wir noch immer nicht hören, verstehen oder Verantwortung übernehmen, solche Konflikte zu lösen, verlagern sie sich nach außen in unsere Körper als Krankheit oder Schmerz oder zeigen sich in unserem Wachleben als ungesunde Beziehungen, „Unfälle" oder „Pech". Diese Projektionen sind „karmisch". Ich behaupte hier nicht, dass die Projektion nach außen die einzige Erklärung für Krankheit oder Unglück ist; ich empfehle einfach nur, sie auszuschließen. „Ausschließen" ist der Prozess, als Erstes sicher zu stellen, dass ein Faktor nicht ursächlich ist. Wenige Menschen schließen eine solche Projektion eines inneren Konflikts aus, bevor sie ein Bakterium, andere Menschen oder „das Schicksal" beschuldigen. Folgendes ist ein faszinierendes Beispiel, wie Karma Jahre brauchen kann, um sich zu erfüllen.

Sein Name war Fleming, und er war ein armer schottischer Farmer. Eines Tages, als er versuchte, den Lebensunterhalt für seine Familie zu verdienen, hörte er einen Hilfeschrei aus einem Moor in der Nähe. Er ließ seine Werkzeuge fallen und rannte zum Moor. Dort steckte ein Junge bis zur Taille im schwarzen Schlamm, schreiend und in Panik um sich schlagend, um sich selbst zu befreien. Farmer Fleming rettete den Knaben vor einem Tod, der langsam und grauenhaft hätte sein können. Am folgenden Tag, fuhr eine hübsche Kutsche vor der spärlichen Behausung des Schotten vor. Ein elegant gekleideter Edelmann stieg heraus und stellte sich als Vater des Jungen vor, den Farmer Fleming gerettet hatte.

„Ich möchte Ihnen das zurückzahlen," sagte der Edelmann. „Sie haben das Leben meines Sohns gerettet."

„Nein, ich kann keine Bezahlung annehmen, für das, was ich getan habe," erwiderte der schottische Farmer, das Angebot abwinkend. In diesem Moment kam der Sohn des Farmers aus der Tür des Elendsquartiers der Familie.

„Ist das Ihr Sohn?" fragte der Edelmann.

„ Ja", erwiderte der Farmer stolz.

„Ich schlage Ihnen einen Handel vor. Lassen Sie mich Ihrem Sohn die Erziehung zukommen, die mein eigener Sohn genießt. Wenn der Knabe seinem Vater auch nur in der geringsten Weise ähnlich ist, wird ohne Zweifel ein Mann aus ihm werden, auf den wir beide stolz sein können."

Und so geschah es. Farmer Flemings Sohn besuchte die besten Schulen und promovierte an der medizinischen Universität des St.Mary's Krankenhauses in London und wurde in der ganzen Welt als der geachtete Sir Alexander Fleming

bekannt, der Entdecker des Penicillins. Jahre später, wurde der Sohn desselben Edelmanns, der aus dem Moor gerettet worden war, von einer Lungenentzündung niedergestreckt. Was rettete diesmal sein Leben? Penicillin. Der Name des Edelmanns? Lord Randolph Churchill. Der Name seines Sohnes? Sir Winston Churchill.
Wie oft geschehen solche Ereignisse und doch bleiben ihre historischen, von einander abhängigen Wurzeln unerkannt? In welchem Ausmaß hallen unsere Absichten, Traum- und Wachhandlungen auf der Erde in einer unberechenbaren Weise nach? Auf solche Weise spiegelt das Leben uns die Konsequenzen unserer eigenen Entscheidungen zurück.

Es kann wenig Zweifel darüber geben, dass das Leben in der Tat ein Spiegel ist. Unsere wachen Beziehungen spiegeln zum größten Teil die Bedingungen zurück, die in uns existieren. Wie ist es möglich, dass wir irgendetwas erkennen oder erfahren, das es in uns nicht schon längst gibt? Vielleicht war es das, was Plato im Kopf hatte, als er Lernen als *amanesis* oder Erinnern erklärte. In unseren Träumen ist die Weise, wie wir andere behandeln die Weise, in der wir uns selbst behandeln, denn die „anderen“ in Träumen sind in Wirklichkeit selbst geschaffene Aspekte unserer selbst. Diese goldene Regel überschreitet alle Religionen und alle Zeiten, denn sie stellt eine grundlegende Wahrheit hinsichtlich der Menschen auf: Wie wir andere behandeln, so behandeln wir jene Aspekte unserer selbst, die sie personifizieren. Deshalb macht es keinen Sinn, anderen anzutun, was wir uns selbst nicht angetan haben möchten, denn wir führen tatsächlich dieselben Handlungen an dem Teil unserer selbst aus, den sie repräsentieren!

Aus diesem Grund nimmt *Dream Yoga* der Aggression jeglichen Spaß. Wir können nicht länger Missbrauch treiben und so tun als ob wir damit davonkommen könnten. Sie träumen vielleicht von einem Gefecht mit Gewehren. Wer schießt auf Sie? Wenn Sie die Rolle des Schießenden einnehmen, werden Sie wahrscheinlich erkennen, dass Sie irgendwie in Ihrem Leben auf sich selbst schießen und sich deshalb selbst missbrauchen. Wenn es keinen anderen Grund gäbe, um *Dream Yoga* zu praktizieren als dieses Prinzip verstehen zu lernen, nicht als ein Konzept, sondern als eine unausweichliche psychische Realität, hat das allein schon das Potenzial, nicht nur Ihr Leben zu transformieren, sondern auch die Gewalt liebende Kultur, in der wir leben.

Wenn es stimmt, dass die Art, in der Sie die Handlungen der anderen wahrnehmen, reflektiert, wer und was Sie sind, dann werden Sie eine Menge über sich selbst lernen, wenn Sie dem, was Sie an anderen ärgert, Aufmerksamkeit schenken. Viele Menschen haben Schwierigkeiten, dieses Konzept zu erfassen, weil ihre Erfahrung sagt, dass sie erfolgreich lügen, betrügen, stehlen, andere beschuldigen und generell Verantwortung für ihr missbrauchendes und respektloses Verhalten vermeiden können. Eine Zeit lang können sie so tun als ob sie etwas wären, was sie nicht sind und andere zum Narren halten. Wir können jedoch den Selbstbetrug nur eine gewisse Zeit rechtfertigen, denn ein Teil von uns weiß immer, wann wir mit uns selbst nicht ehrlich sind. Jene Selbst-Aspekte, die die Wahrheit kennen, zeigen sich in unseren Träumen, nicht so sehr, um uns zu kritisieren, sondern vielmehr um uns die Unbeständigkeiten in unserem Leben zu zeigen, die zum Konflikt führen, der zwischen uns selbst und einer Schar spiritueller Qualitäten steht: Klarheit, innerer Frieden, Ehrlichkeit und Selbst-Akzeptanz.

Keiner mag gern zugeben, dass er gelogen hat oder unverantwortlich war. Den meisten von uns wird irgendeine Rechtfertigung oder Rationalisierung einfallen, um die Erfahrung eines Gesichtsverlusts und die Gefühle der Schuld und Scham zu vermeiden, die oft solche Ehrlichkeit begleiten. Das ist bei weitem der stärkste Grund, aus dem Menschen ihre Träume ignorieren. Sie fürchten, dass ihre Träume sie dazu bringen werden, sich schuldig zu fühlen. Ich habe oft vermieden, meine Träume anzuschauen, weil ich davon überzeugt war, mir würde gezeigt werden, wie unverantwortlich ich war, wo doch tatsächlich ich es war, der sich selbst bereits auf schmerzliche Weise für seine Unzulänglichkeiten kritisierte. Was ich durchgehend festgestellt habe, ist, dass die Traumgruppenmitglieder generell viel toleranter gegenüber unseren Unzulänglichkeiten sind als Sie und ich es sind. Gleichzeitig zeigen sie meistens gesunde Alternativen für Eigenschaften und Verhaltensweisen, mit denen wir uns selbst bekämpfen. Wenn Sie solch eine helfende Begleitung akzeptieren, verringern Sie die Gefahr, dass unterdrückte innere Konflikte sich als körperliche Gesundheitsprobleme zeigen oder sich in unglücklichen Beziehungen spiegeln.

Wenn Karma im Grunde genommen bedeutet, sich selbst überall zu sehen, wo Sie hinschauen, dann spiegelt die Welt fortwährend die Konsequenzen dessen zurück, für den Sie sich halten. Das nennt man die Unausweichlichkeit der Projektion; das Unbewusste schreibt einen Gedanken, ein Gefühl, eine Handlung, gewöhnlich unerwünscht, jemand anderem zu, was eigentlich zu Ihnen gehört. Falls dieses Konzept stimmt, liegt es in Ihrem Interesse, positive Aspekte von sich selbst zu projizieren, in dem Sie in Anderen und in der Welt nach dem Besten Ausschau halten. Zur selben Zeit können Sie Notiz nehmen vom Negativen im Leben und in Anderen und dies als Gelegenheit für persönliches Wachstum betrachten.

Wenn wir dem nicht zuhören, was wir durch unsere falsche Wahrnehmung in uns selbst erschaffen, wenn wir fortfahren, falsch zu interpretieren, was wahr ist, zeigt sich das Elend weiter in unserem Leben, so lange, bis wir endlich unsere selbst erschaffenen Illusionen durchblicken. Ich erinnere mich an meine alkoholkranke Tante, die es liebte, Männer in Bars aufzugabeln und sich nach der Scheidung von ihrem sechsten betrunkenen Ehemann immer noch beschwerte, was für ein Pech sie mit Männern hatte! Es gibt keinen Grund, warum die falsche Wahrnehmung mit dem Tod aufhören sollte. Alkoholiker, die sterben, sind tote Alkoholiker. So hört auch das Drama Dreieck nicht auf, nur weil Sie sterben, genau so wenig, wie es aufhört, weil Sie einschlafen. Wenn Sie Ihre eigene wahre Natur verschlafen, während Sie leben, gibt es keinen Grund zu glauben, dass Sie automatisch und in wundersamer Weise aufwachen werden, einfach weil Sie gestorben sind. Im Gegenteil, Sie fallen wahrscheinlich in einen noch unbewussteren Schlummer, bis Sie anfangen, noch ein weiteres Leben zu träumen.

Übungen

Welche karmischen Muster neigen dazu, sich in Ihrem Leben zu wiederholen?

Wie halten Sie sich selbst davon ab, sie zu heilen?

Identifizieren Sie ein Muster, das Sie heilen möchten. Wenn Sie heute Abend einschlafen, bitten Sie um Heilung dieses Themas. Schreiben Sie am nächsten Morgen alle Träume auf, an die Sie sich erinnern und stellen Sie einem oder mehreren Traumcharakteren die Fragen der Interviewanweisungen, die Sie am Ende dieses Buches oder unter www.*DreamYoga*.com finden.

Kapitel 12

Wie Ihre Träume für Ihre Gesundheit sorgen

Die meisten Menschen denken wenig über die Zeit nach, die sie schlafend verbringen. Unsere Hauptsorge ist, dass wir tief schlafen und erfrischt aufwachen. Für die meisten von uns bedeutet das tiefe, traumlose Unbewusstheit, ohne Unruhe, Unterbrechung oder Bewussheit. So lange so ein Zustand unsere Priorität bleibt, ist jede Aktivität, die die Unbewusstheit verhindert, zu unterbinden. Als Folge werden wir unbewusst jeden Wunsch unterlaufen, unsere Träume zu erinnern oder unser Gewahrsein während des Schlafs zu erhöhen, weil dies eine grundlegende Angewohnheit unterbrechen wird, der wir durch eine tiefe und lang dauernde Investition verbunden sind. Wir haben in unserem Leben schon genug Stress; wollen wir etwa noch mehr hinzufügen, in dem wir möglicherweise unserer Fähigkeit stören, eine gute Nachtruhe zu bekommen? Wenn Sie nicht durch und durch überzeugt sind, dass das Erinnern von Träumen und ein gewisses Maß an Bewusstsein während Ihres Schlafs in einer bedeutenden Weise zu Ihrer allgemeinen Gesundheit und Ihrer persönlichen Entwicklung beiträgt, wird kein Gramm Faszination oder Neugier auf Träume einen langfristigen Eindruck auf das grundlegende menschliche Bedürfnis machen, jede Nacht in Vergessenheit zu versinken.

Wir wissen, dass Schlaf regeneriert und nötig für die Gesundheit ist. Wissen wir auch, ob wir unbewusst sein müssen, damit der Schlaf gesund ist? Obwohl dies eine verbreitete Annahme ist, gibt es keinen wissenschaftlichen

Beweis, der das unterstützt. Tatsache ist, dass Fortgeschrittene der Meditation, die selbst im Theta (Traum-) und Delta (Tief-) Schlaf bewusst bleiben, wahrscheinlich gesünder sind als wir anderen. Wenn Gesundheit damit etwas zu tun hat, dass wir uns dessen, was uns weh tut und wie wir es vermeiden können bewusst sind, dann hat Krankheit etwas mit unserer Unbewusstheit zu tun und damit, dass wir durch unser Leben schlafwandeln. Aufzuwachen, aufmerksamer zu werden, ob im Schlaf oder im Wachen, erweitert das Bewusstsein Ihrer selbst. Es geht darum zu lernen, wie Sie aus dem heraustreten, der Sie zu sein glauben und sich selbst vorübergehen zu sehen. Der Gewinn dafür ist enorm. Er besteht in der Unterscheidung, auf der einen Seite ein bewusster Teilnehmer an allen Aspekten des Lebens zu sein, oder auf der anderen, ein schlafwandlerisches Leben zu führen und ein Opfer Ihrer eigenen nicht hinterfragten gewohnten Art des Denkens, Fühlens und Handelns zu sein.

Lassen wir uns einen Blick auf den Preis werfen, den Sie zahlen, wenn Sie unbewusst werden, während Sie schlafen. Zuerst einmal kontrolliert Sie Ihre Biochemie. Denken Sie an die physiologische Kampf- oder Fluchtreaktion auf Stress. Sagen wir, Sie bereiten sich gerade darauf vor, eine wichtige Rede zu halten und Sie spüren einen ziemlichen Druck, eine wirklich gute Arbeit zu leisten. Sie hassen es, vor einem Publikum zu sprechen und Sie würden liebend gern vermeiden, diesen Vortrag zu halten, wissen aber, dass das nicht geht. Sie wissen, dass Sie eine gute Miene aufsetzen und sich da durch kämpfen müssen. Sie schlafen ein und sorgen sich, ob Ihnen das gelingen wird.

Hans Seye, der brillante kanadische Arzt und Forscher, war ein Pionier in der Erforschung der körperlichen Auswirkungen von Stress auf den Organismus. Er beobachtete und beschrieb, was er das *Generelle Anpassungssyndrom* nannte, den Prozess, in dem Sie und ich sich Stress anpassen, ob in Form einer Krankheit, des Tods, dem Verlust des Arbeitsplatzes, oder in Form eines Unfalls. Zuerst reagieren wir mit Alarm, wenn wir Stress erleben. Eine Kaskade von starken Hormonen wird aus unseren endokrinen Drüsen gepumpt, die unseren Körper alarmieren und aktivieren, um auf Gefahr zu antworten. Unser Herzschlag beschleunigt sich, unsere Atmung wird schneller und flacher. Das Blut fließt von unseren inneren Organen zu unserer Skelettmuskulatur, um uns darauf vorzubereiten zu kämpfen oder zu fliehen. Unsere Pupillen verengen sich. Wenn nach all diesen Maßnahmen die Bedrohung nicht verschwindet, gehen wir als nächstes in eine adaptive Phase, in der wir unsere Kräfte schonen für eine länger anhaltende Abwehr des Angriffs. Bleibt die Bedrohung weiterhin bestehen, gleiten wir in die Erschöpfungsphase. Zu diesem Zeitpunkt wird neue Energie in den Körper ausgeschüttet, in einem letzten Versuch, diese Herausforderung zu überwinden; wir sehen aus, als ob wir uns erholt hätten, obwohl wir tatsächlich gerade dabei sind, all unsere Kräfte völlig zu verausgaben, in einer letzten Anstrengung, das Ruder herumzureißen. Wenn das nicht funktioniert, sterben wir.

Wir wissen, dass Adrenalin, Noradrenalin und andere Stresshormone sich im Körper sammeln, wenn der Kampf oder Fluchtreflex aktiviert wird. Im Wachleben können wir sie durch Kämpfen oder Flüchten metabolisieren. In Ihren Träumen ist jedoch Ihr zentrales Nervensystem paralysiert. Ihre Träume werden wahrscheinlich voller Angst erzeugender Themen der

Unzulänglichkeit und des Versagens sein, in dem Versuch, Ihre Angst anzusprechen. Sie mögen träumen, dass Sie kämpfen oder flüchten, was aber nichts von den mächtigen Hormonen abbaut, die sich in Ihrem Gewebe aufbauen. Da sie sich nicht auflösen, reagieren sie wie Batteriesäure und greifen die schwächste Stelle in dem Abwehrsystem Ihres Körpers an! Ausreichende Dauer und genügende Wiederholung dieser nächtlichen Angriffe auf das Abwehrsystem vorausgesetzt und der eine Mensch fängt sich vielleicht irgendeinen Virus, weil sein Immunsystem ausgelaugt ist; ein anderer Mensch entwickelt vielleicht eine Arthritis, weil sein Auto-Immunsystem Kopf steht. Ein weiterer Mensch entwickelt vielleicht einen hohen Blutdruck und kardiovaskuläre Erkrankungen, während wieder ein anderer vielleicht Schlaflosigkeit oder Magengeschwüre entwickelt. Obwohl unsere genetische Disposition zum Teil bestimmt, welches System am wahrscheinlichsten unter dem Angriff dieser Biochemikalien zusammenbrechen wird, macht unsere Fähigkeit, mit Stress umzugehen doch einen enormen Unterschied für die Genesungsfähigkeit unseres Körpers.

Zum Glück hilft uns die normale körperliche Aktivität, unsere toxischen Stresschemikalien zu metabolisieren und auszuscheiden, was ein Grund ist, warum regelmäßige körperliche Betätigung so wichtig ist. Wenn Sie körperlich nichts tun, um diese starken Stresshormone zu metabolisieren, werden sie Sie mit der Zeit umbringen. Die meisten von uns versichern sich jedoch, dass uns das nicht passieren wird. Wir denken an die Spaziergänge, die wir unternehmen, die körperliche Betätigung, die Anstrengungen, die wir unternehmen, um mit unseren Gefühlen und

Verantwortlichkeiten so umzugehen, dass wir den Stresshormonen nicht erlauben, sich in uns anzusammeln. Und trotzdem werden wir krank, unsere Organe brechen zusammen und wir spüren unser Alter. Geschieht das alles wegen der Gene und des natürlichen Prozesses des Alterns, oder übersehen wir etwas Grundlegendes?

Wenn wir gesund bleiben wollen, müssen wir den Stress während des Schlafs reduzieren. Sie könnten fragen: "Wie soll ich gestresst sein, wenn ich unbewusst bin?" „Wie kann mich etwas beeinflussen, an das ich mich nicht einmal erinnere?" Hier ist eine Analogie. Jedes Mal, wenn wir etwas essen, hat es einen guten oder schlechten Effekt für uns. Falls es giftig ist, wird es unserem Körper schaden, ob wir uns seiner Giftigkeit bewusst sind oder nicht. Proben von Beethovens Haar zeigten, dass er taub wurde und zum Schluss an einer Bleivergiftung starb, wahrscheinlich wegen der Zinnbecher, aus denen er sein Leben lang trank. In ähnlicher Weise setzen Träume und Albträume, die einen Kampf oder Fluchtreflex in uns auslösen, starke ätzende Stresschemikalien in unserem Körper frei, ob wir unsere Träume erinnern oder nicht!

Sind Sie jemals ängstlich, gereizt oder verwirrt aus einem tiefen, traumlosen Schlaf erwacht? Etwas, das Stress ausgelöst hat, ist jenseits Ihres Bewusstseins geschehen, während Sie schliefen. Solche Ereignisse hinterlassen nicht nur körperliche Spuren und erschweren es Ihrem Körper, mit Gesundheitsrisiken klar zu kommen; sie hinterlassen auch geistige und emotionale Rückstände, die Ihre Wahrnehmung färben und sie beeinflussen, Ihre Reaktionsfähigkeit, Ihre Stimmung, Ihre geistige Klarheit und Ihre Kreativität. Wir müssen nicht unbedingt mit grässlicher Laune aufwachen, damit dieser Prozess abläuft. Das kann sehr unterschwellig geschehen. Generell gesagt unterläuft der Stress von ungesunden Traumerfahrungen unsere körperliche, geistige, und spirituelle Entwicklung und das völlig außerhalb unserer Wahrnehmung. Sie strengen sich wahrscheinlich während des Tages an, richtig zu essen, sich körperlich zu betätigen und eine positive Einstellung beizubehalten, andere mit Respekt zu behandeln und im Großen und Ganzen ein anständiger Mensch zu sein. Könnte es sein, dass Sie trotz all Ihrer großartigen Bemühungen, in der Nacht während Sie schlafen, unbewusst alles, für das Sie in den wachen Stunden gekämpft haben, zunichte machen? Falls Sie so sicher sind, dass Sie das nicht tun, wie wissen Sie das? Falls Sie Traumerfahrungen für keine wirkliche Bedrohung halten, Ihr Körper kann den Unterschied nicht erkennen. Wenn Sie jedoch *Dream Yoga* praktizieren, können Sie diesen Prozess abkürzen, durch die Akzeptanz und das Auflösen zerstörerischer innerer Konflikte, so dass sie sich nicht während Ihres Schlafs ausagieren müssen.

Lorna träumte, sie sei in ihrem Apartment, bis zur Taille im Wasser. Sie fühlte sich nicht sonderlich in Gefahr, obwohl sie sich Sorgen machte über den ganzen durch das Wasser verursachten Schaden. Obwohl dieser Traum auf eine Art stressig war, hätte er genau so gut niemals erinnert werden können. Seine Erinnerung bot jedoch nicht nur eine Gelegenheit, wichtige Stressfaktoren in Lornas Leben zu verstehen, sondern erlaubte ihr, Schritte zu unternehmen, sie aufzulösen, bevor der Schaden noch größer wurde. Als das Wasser befragt wurde, sagte es: "Ich bin die ganze Medizin, die Lorna wegen ihrer Rückenschmerzen nimmt. Ich beruhige sie, weil sie Angst hat zu fühlen, wie groß der Schmerz ist. Sie wird von Angst überflutet. Wenn sie nicht aufhört, die viele Medizin zu nehmen, wird es ihr nicht besser gehen. Und sie konfrontiert sich auch nicht damit, wie ihre Angst sie in ihrem Apartment gefangen hält. Sie hat Angst, hinaus zu gehen, weil ihr dann vielleicht noch Schlimmeres zustoßen könnte."

Lorna war bei einem Auffahrunfall verletzt worden. Jahre davor hatte sie von einem seltsamen Unfall eine Kopfverletzung zurückbehalten. Nun hatte sie, wie auch nach dem damaligen Unfall, Angst vor die Tür zu gehen. In dem sie Charakteren in ihrem Traum zuhörte, war Lorna in der Lage zu erkennen, dass ihre Angst sie lähmte und dazu führte, dass sie zu viele Schmerztabletten nahm, was sie völlig sedierte. Mit dieser Information bewaffnet, sagte sie ihrem Arzt, sie wolle die Schmerzmedikamente reduzieren. Der Arzt war verärgert und hatte das Gefühl, sie arbeite nicht mit ihm zusammen und versuche, sich selbst zu therapieren. Sie musste den Arzt wechseln. Als sie jedoch begann, die Schmerzmedikamente zu reduzieren, fühlte sie sich auf der Stelle weniger groggy und weniger ängstlich. Sie konnte ihren Schmerz fühlen und so konnte sie ihren Ärzten genauer sagen, wo sie Schmerzen hatte, so dass sie ihr helfen konnten. Ganz klar, hätte Lorna einem relativ unbedeutenden und typischen Traum nicht zugehört, hätte ihre Genesung länger gedauert und wäre schwieriger gewesen.

Martin Seligman hat etwas sehr Ähnliches wie Selyes *Generelles Anpassungssyndrom* beschrieben, in seiner Erklärung der Depression als gelernte Hilflosigkeit. Er erklärt, wie Kühe, die in einem Moor gefangen sind, brüllen und wild strampeln, um sich zu befreien. Nach einer Weile, wenn ihre Anstrengungen zu nichts führen, strampeln sie weniger; sie haben die adaptive Phase von Selyes Anpassungssyndrom erreicht. Wenn sie tiefer in das Moor hinein gesogen werden, unternehmen sie einen weiteren heroischen Kampf, bevor sie ertrinken. Seligman fiel auf, dass Kühe, die im Moor feststecken und nicht sterben, lernen, nicht zu strampeln; sie versuchen nicht länger, herauszugelangen, sogar wenn sie es eigentlich könnten. Nicht nur das, er stellte auch fest, dass sich einige dieser Kühe, die von Farmern aus dem Moor gerettet worden waren, kopfüber zurück ins Moor stürzten! Könnte es sein, dass wir etwas Ähnliches tun in unserem Schlaf? So wie manche von uns nach Horrorfilmen oder gruseligen Krimis süchtig werden, könnte es sein, dass wir danach süchtig werden, stressige Traumskizzen zu erschaffen, die unseren Stress erhöhen und uns krank machen?

Während es sicher zutrifft, dass Stress Sie umbringen kann, ist es genau so richtig, dass ein Mangel an Eustress, oder gesundem Stress Sie auch umbringen wird. Ihr Körper, Ihr Verstand und Ihr Geist streben nach vernünftigen Herausforderungen. Vermeiden Sie diese und die Kraft zur Anpassung verringert sich, führt das zum Zusammenbruch des Systems. Verfolgen Sie sie, wächst die Energie, die Ihnen zur Verfügung steht, um sich gesund zu erhalten. So können wir also sehen, dass es nicht reicht, die Reaktivität in unserem Schlaf auszuschalten, wenn wir unsere Gesundheit schützen wollen. Wir müssen zusätzlich lernen, wie wir den Schlaf für unseren Körper, unseren Verstand, unsere Gefühle und unseren Geist zu einer positiven Erfahrung machen. *Dream Yoga* lehrt uns nicht nur, Stress während des Schlafs zu erkennen und zu beseitigen; es verstärkt Kräfte des Bewusstseins, die unsere Gesundheit aktiv unterstützen, ob wir schlafen oder wachen.

Wir können dieses Muster in Margos Traum beobachten, in dem sie in einem Raum voller Menschen ist, die Krebs haben. Eine Frau hatte Krebs in ihrer Hand. In dem Versuch, zu helfen, schlug Margo vor, sie solle ihre Hand abschneiden, um den Krebs daran zu hindern, sich in ihrem ganzen Körper auszubreiten. Margo dachte, sie habe diesen Traum gehabt, weil zwei ihrer engen Freunde in den vorangegangenen Monaten Krebs diagnostiziert worden war. Ihr Vater war an Krebs gestorben. Deshalb spiegelte der Traum auf einer Ebene ihre Wachängste wieder. Dieser Traum demonstriert, wie das Drama Dreieck sich in unseren Träumen in einem Kontext zeigt, den wir verstehen und auflösen können, bevor sich das Problem in unserem Körper oder in unserem Wachleben manifestiert. Im Traum ist der Krebs eine zu fürchtende und missbrauchende Kraft. Er spielt die Rolle des Verfolgers im Drama Dreieck. Menschen mit Krebs werden als hilflose Opfer gesehen. Margo sieht sich selbst verzweifelt Mittel vertreten, um hilflose Opfer vor dem Tod zu retten. Ohne *Dream Yoga* hält der Traum Margo in allen drei Rollen gefangen, ob sie sich an ihn erinnert oder nicht.

Dream Yoga erlaubt uns die Frage, ob es nicht eine gesündere Perspektive geben könnte, von der aus wir uns unseren Ängsten nähern können, eine, die nicht das Drama Dreieck kultiviert und keine erneute Verstärkung der Gedankenmuster der Opferung, verursacht durch Kräfte in unserem Leben, die wir nicht kontrollieren können. Durch die Anwendung von

Dream Yoga auf ihre inneren Konflikte, konnte Margo die Wahrscheinlichkeit, krank zu werden verringern. Sowohl ihre Träume als auch ihre Arbeit an ihnen, könnten die Funktion einer präventiven Gesundheitsfürsorge übernehmen. So begegnet sie dem Karma innerlich, bevor es sich in ihren Beziehungen, Ereignissen des Wachlebens und ihrer körperlichen Gesundheit nach außen wendet. Eine solche Annäherung neutralisiert das Karma und transformiert bestehendes Karma zur Gnade.

Im Gegensatz zu den Ansichten der Träumerin, sagte die Frau mit dem Krebs in der Hand, deren Perspektive Margo einnahm: "Ich glaube nicht, dass der Krebs mir irgendetwas tun wird. Ich werde meine Hand nicht abschneiden. Ich glaube nicht, dass das nötig sein wird, weil er sich nicht ausbreiten wird." Das ist nicht der Kommentar eines Opfers, wie die Träumerin es von der Dame annahm. Wir können sehen, dass allein die Annahme es gäbe ein Opfer, dazu führt eine Retterantwort in uns hervorzurufen, so wie in Margo. Das bedeutet, ein Teil des Prozesses, in dem wir über das Drama Dreieck hinauswachsen und vom Karma zur Gnade zu gelangen, muss darin bestehen, über die Annahme hinwegzukommen, der andere oder wir selbst seien ein Opfer.

Die Hand dieser Frau sagte: "Ich weiß, dass sie mich nicht abschneiden wird. Ich bin ein Teil von ihr und sie wird in der Lage sein, den Krebs loszuwerden. Was ich am liebsten an mir in diesem Traum mag ist, dass ich mit dieser Frau verbunden bin und sie sich um mich kümmern wird." Fällt Ihnen auf, dass diese Hand sich auch nicht als Opfer sieht? Sie hat das Vertrauen, dass ihre Bedürfnisse erfüllt werden. Das ist ein vertrauensvoller Teil der Träumerin, einer der nicht direkt auffiel in der Erzählung des Traums. Nur weil wir auf manche Umstände reagieren gehen wir oft davon aus, dass alles in uns die Situation so sieht wie wir und somit reaktiv ist. Das ist kaum jemals, falls überhaupt, der Fall. Es scheint immer Teile in uns zu geben, die unserer Angst mit größerem Mitgefühl, Weisheit und Frieden begegnen als wir es tun. Sobald Sie sich die Zeit nehmen, Ihr Leben aus der Perspektive nichtreaktiver Anteile in sich zu betrachten, so wie Margo es tat, als sie zu dieser Frau und ihrer Hand wurde, erleben Sie mitfühlendes Loslassen als eine Wirklichkeit, die schon längst in Ihnen besteht und nicht einfach nur die intellektuelle Erklärung des Schmerzes. Solche Erfahrungen verändern Ihre Wahrnehmung nachhaltig. Die Reaktivität verliert ihre Wirklichkeit, Notwendigkeit und Unausweichlichkeit. Sie schaffen sich selbst Raum, um zu atmen und gut unter beinahe jeder Bedingung zu leben.

Der Krebs sagte: “Meine Stärke ist, dass ich alles tun kann. Niemand kann mich aufhalten. Ich bin sehr stark, sehr selbstbewusst.“ Das erlaubte Margo, ihre tiefsten Ängste empirisch umzugestalten zu Schätzen und inneren Stärken die bisher nicht in ihrem Besitz waren. Der Krebs sagte: “Wenn ich Verantwortung hätte für Margos Wachleben, wäre sie so wie ich. Sie würde Vertrauen haben und es einfach tun. Es wäre hilfreich für Margo, sich vorzustellen, ich zu sein, wenn sie sich überwältigt fühlt oder die Dinge ein bisschen unheimlich sind. Sie braucht einfach mehr Selbstvertrauen.“ In dem sie der Krebs wurde, akzeptierte Margo den Missbraucher in sich selbst. Das erlaubte ihr, die Stärken, die diesem Teil von ihr innewohnen, zu sehen und zu akzeptieren.

Dream Yoga erlaubte Margo, ihre unbewusste karmische Verstärkung ihrer Ängste in ihrem Leben außer Gefecht zu setzen. Ohne die Praxis des *Dream Yoga* hätte Margo ihrem Körper weiterhin starke visuelle und emotionale Bestätigungen gesendet, dass sie krank sei, Grund zur Angst habe, und die Botschaft, sie sei ein hilfloses Opfer. Margo begann zu verstehen, dass dieser Traum zwar von Opferung und Missbrauch zu handeln schien, es aber nicht zwangsläufig dabei bleiben musste. Sie erlaubte sich, die Freiheit vom Karma des Drama Dreiecks zu erleben.

Margos Erfahrung ist keineswegs ungewöhnlich, es ist die Norm für Menschen, die *Dream Yoga* praktizieren. Je mehr Sie Ihrer inneren Wählerschaft zuhören, desto weniger werden Sie Gefahr laufen, Gefühle des Mangels, der Trennung oder der Unwissenheit in sich zu nähren. Es gestattet Ihnen, über die vielen verhärteten Stellen in Ihrem Leben hinauszuwachsen, so wie ich es über die Jahre versucht habe. Ich hatte meine erste wirkliche Liebesbeziehung erst mit vierundzwanzig, als ich schon aus dem College war. Sie bewunderte mich, war sechs Jahre älter als ich, und war beeindruckt worden durch einen Vortrag, den ich über Traumarbeit und Meditation hielt. Als ich 1976 heiratete, war es eine Frau, die sechs Jahre jünger war und die mich als Retter sah. Sie war klug und attraktiv, aber sehr ängstlich und hatte vor Brücken und Krankenhäusern Angst. Während des Abschlussstudiums, arbeiteten wir als Hauseltern für eine psychiatrische Einrichtung für Jugendliche beiderlei Geschlechts. Für eine junge Frau, die gerade selbst ihre Jugend hinter sich gelassen hatte, war das nicht der Traumjob. Sie brauchte selbst noch elterliche Zuwendung, nun aber verlangte man von ihr, in die Elternrolle zu wechseln und das für einige ganz schön schwierige Kunden. Ich kann nicht behaupten, dass ich ihr dafür böse bin, dass sie mich ungefähr anderthalb Jahre später verließ; unser Leben ließ nicht viel Platz für Freude. Abgesehen davon hatte ich sie unter falschen Voraussetzungen geheiratet: Meine unbewusste Annahme war, wenn ich ihr helfen würde, damit es ihr besser ging, würde sie so dankbar sein, dass sie mich unterstützen würde! Aber als es ihr besser ging, und ich sie um Hilfe bat, war das von ihrer Warte aus eine unerwartete Entwicklung. Später begann ich zu verstehen, dass ich ihr gegenüber die Rolle des Retters eingenommen hatte. Da das Spiel so funktioniert, dass, wer eine Rolle einnimmt am Ende alle spielen muss, hätte ich nicht überrascht sein müssen, sie als den sich scheiden lassenden Verfolger und mich selbst als das unschuldige Opfer zu sehen. Ich kann zurückblicken und einige Freude empfinden, dass sie über ihre Ängste siegte und eine Intensivkrankenschwester und Lehrkrankenschwester wurde. Es gibt eine Menge, worauf sie stolz sein kann.

Eines der Dinge, die ich vom *Dream Yoga* gelernt habe, ist, dass Verstand und Intellekt einen nicht besonders weit bringen. Glauben und Verstand zu kombinieren hat auch seine Grenzen; es ist nichts besonders Spirituelles an dieser Kombination. Das Transpersonale ist anders als ich annahm. Auf Grund meines Studiums der vergleichenden Religionswissenschaften hatte ich mir vorgestellt, es würde ein Ort voller Liebe und Seligkeit und Weisheit sein. Was ich stattdessen fand, war in erster Linie ein Ort tiefer Akzeptanz für die anderen und mich selbst. An diesem Ort gab es nicht nur Raum, über mein Ego hinauszuwachsen, sondern auch über meine Reaktivität und über meine Abwehrbereitschaft. Es war ein Ort, an dem ich stehen und mich selbst vorübergehen sehen konnte, das Drama meines kleinen Lebens bezeugend. Das half mir, aus der emotionalen Achterbahn meiner Hoffnungen und Enttäuschungen, meiner Erwartungen und verletzten Gefühle auszusteigen. Es war ein Ort, von dem aus ich mein Leben mit einer Art egoloser Leidenschaft leben konnte, etwas, das mir zuvor immer wie ein Widerspruch erschienen war.

Für vieles in meiner Entwicklung muss ich meiner zweiten Frau, Mary Jane danken, die ich 1985 heiratete, ungefähr zwei Jahre, nachdem ich nach Phönix gezogen war, um in der A.R.E. Klinik zu arbeiten. Zu den vielen Lektionen, die mich diese Ehe gelehrt hat, gehört die, niemals den möglichen Zusammenprall unterschiedlicher kultureller Herkunft zu unterschätzen. Ich wuchs in einer Familie der oberen Mittelschicht aus den Südstaaten als WASP (weiße angelsächsische Protestanten) auf, die immer einen kühlen Kopf behielt. Ich bekam so ziemlich alles, was ich wollte und doch war ich nicht glücklich. Geld war meiner Erfahrung nach nicht gleich bedeutend mit Glück. Meine Frau wurde als zweites von sechs Kindern in einer italienischen Familie zweiter Generation in New Jersey mit der Unterstützung des Lohns ihres Vaters, als Koch in der Armee, groß. Sie wuchs ohne Spielzeug auf, ohne Urlaub und viele schöne Kleider und ihre Mutter war oft wütend, etwas, das ich bei meinen Eltern sehr selten erlebte, als ich groß wurde.

Das Ergebnis war, dass ich ohne die geringste Fertigkeit mit Wut umzugehen in die Ehe ging. Ich wusste nicht, wie man kämpft und schon gar nicht, wie man fair kämpft! Wenn Mary Jane nicht glücklich war, beschuldigte ich mich. Meine Frau verdiente auch viel mehr Geld als ich und das war gleich bedeutend mit mehr Macht und Kontrolle in der Beziehung. Ich begann nicht nur, ihr ihre Forderungen zu verübeln, ihre Macht und ihre Kontrolle, sondern mir meine eigene Passivität und meinen Unwillen, ihr entgegenzutreten. Nach und nach lernte ich, meinen Zorn auszudrücken, aber es geschah nicht immer auf eine gesunde Weise. Ich lernte, sie abzuwehren und wie ich sie dazu bringen konnte, mich in Ruhe zu lassen, aber es gefiel mir nicht, weil ich meine Zähne zeigen musste, um das zu erreichen. Mit der Zeit erkannte ich, dass ich entscheiden konnte, nicht zu kämpfen und trotzdem nicht passiv sein musste. Ich stellte fest, dass ich zwar für mich selbst eintreten konnte, es mir das aber in den meisten Situationen gar nicht wert war, weil es nur zu hartnäckigem Groll auf ihrer Seite führte. Mit der Unterstützung durch *Dream Yoga* und meiner inneren Sangha, lernte ich, nicht alles persönlich zu nehmen, nicht zu reagieren oder in Abwehr zu gehen. Durch diesen Prozess lernte ich, mir meiner Stärke bewusst genug zu sein, um sie nicht dadurch zu beweisen, dass ich kämpfte.

Das zu lernen ist für die meisten von uns eine schwierige Lektion. Ich habe zum Beispiel einen Neffen, den ich sehr liebe, dessen Entscheidung in seiner Kindheit, nicht so zu werden wie sein missbrauchender, alkoholkranker Stiefvater, Narben hinterlassen hat. Das Ergebnis war, dass er nicht nur seine Wut unterdrückte, sondern einen beträchtlichen Teil seiner Leidenschaft, die Lebensenergie, die wenn sie richtig kanalisiert wird, für ein lebendiges Leben sorgt.

Dream Yoga lehrt uns, uns selbst und die Absurditäten unserer menschlichen Gattung nicht so ernst zu nehmen. Wir betreten die Bühne des Lebens, spielen unsere Rollen und sind wieder verschwunden, verschmelzend mit allen Spielern, jedem Publikum und allen Produzenten. *Dream Yoga* hat mich gelehrt, dass hohe transpersonale und non-duale Zustände des Bewusstseins die ganze Zeit über gemeinsam mit unserem täglichen Bewusstsein existieren. Sie sind sofort zugänglich, wenn wir nur wissen, wohin wir schauen müssen, um sie zu finden. Der Trick ist zu lernen, sie zu erkennen. Weil diese Zustände regelmäßig in Form von Selbst-Aspekten auftauchen, die im *Dream Yoga* befragt werden, werden Studenten in der Regel mit persönlichen Metaphern für fortgeschrittene Zustände des Bewusstseins versorgt. Das sind nicht lediglich visuelle Metaphern; es sind empirische Öffnungen, die einen grundlegenden Wandel des Bewusstseins zu Orten großen Gleichmuts, inspirierender Angstlosigkeit, tiefen Mitgefühls, bestechender Weisheit und grundlegender Akzeptanz beinhalten.

Es ist weise, sowohl Ihre Träume als auch Ihre Lebensereignisse als Weckrufe Ihrer Seele zu behandeln. Es gibt dafür mehrere Gründe. Erstens bezeugen viele Selbst-Aspekte, Weckrufe der Seele zu sein. Zweitens, wenn das eine angenehme Täuschung ist, können wir Schlechteres tun, als alle unsere Lebensereignisse als etwas zu betrachten, das unsere Erleuchtung unterstützt. Drittens wird es Ihnen erlauben, Ihren unerfreulichen, unangenehmen und schmerzvollen Erfahrungen aus dem Leid und den beklagenswerten Formen von Karma einen neuen Rahmen zu geben, der sie zu einer lehrenden Erfahrung macht, die Ihnen helfen wird, zu wachsen, vorausgesetzt Sie erweisen dem, was die Selbst-Aspekte zu sagen haben, Aufmerksamkeit. Sie können Ihr körperliches Weh, Ihre Schmerzen und Ihr Unbehagen mit *Dream Yoga* befragen. Barb befragte ihren chronischen Rückenschmerz, zu dem sie die Farbe Rot assoziierte. Eine rote Wolke füllte den Raum und verdichtete sich zu einem schwarzen Gesteinsbrocken:

Schwarzer Brocken, erzählst du mir bitte, wie du aussiehst und was du gerade machst?
Ich habe einen Durchmesser von ungefähr drei Zoll, festgekeilt in Barbs Rücken... äußerst unangenehm!
Schwarzer Brocken, was magst du an dir selbst am liebsten? Was sind deine Stärken?
Ich bekomme Barbs Aufmerksamkeit. Sie beachtet mich!
Schwarzer Brocken, was magst du an dir selbst am wenigsten?
Dass ich Menschen wehtue. Ich mag Menschen nicht gern wehtun, aber es ist die einzige Chance, Barb aufzuwecken. Sie muss manchen Dingen gegenüber wach werden!
Schwarzer Brocken, wenn du Barbs Leben nach deinem Belieben verändern könntest, würdest du? Wie?
Ich würde es wahrscheinlich nicht ändern. Es ist zu ihrem Besten.
Schwarzer Brocken, welchen Aspekt von Barb repräsentierst du oder personifizierst du am ehesten?
Ihre Fähigkeit, sich selbst bemerkbar zu machen.
Schwarzer Brocken, wenn du Barbs Wachleben für sie leben könntest, wie würdest du es anders leben?
Ich würde dafür sorgen, dass sie sich richtig ernährt, sich körperlich betätigt, mit dem Trinken aufhört, sich nicht so viel in Mikes Gesellschaft aufhält.
Schwarzer Brocken, wenn du Barbs Wachleben heute für sie leben könntest, würdest du mit ihren drei Lebensfragen anders umgehen? Falls ja, wie?

Ich würde dafür sorgen, dass sie abnimmt, das Trinken aufhört und sich körperlich betätigt. Sie könnte wieder Stewardess sein, aber vielleicht ist sie körperlich zu alt dazu. Sie muss ihre Lebenskraft zurückbekommen. Es wird nicht so sein, wie es früher war. Sie muss etwas finden, wo sie sich selbst verlieren kann im Dienst an anderen. Vielleicht beim Roten Kreuz. Mike hat einen sehr negativen Einfluss auf sie. Davon kann einem übel werden, wie von ihrem Schmerz. Er macht sich selbst krank.

Schwarzer Brocken, in welchen Lebenssituationen würde es für Barb am Nützlichsten sein, sich vorzustellen, sie wäre du und würde handeln wie du?

Wenn sie stark sein und aufwachen muss für das, was zu ihren Gunsten verändert werden muss.

Schwarzer Brocken, warum glaubst du, bist du in Barbs Leben?

Um sie aufzuwecken und sie in Bewegung zu bringen, sich darauf zu konzentrieren, was getan werden muss.

Schwarzer Brocken, wie würdest du dich selbst einschätzen, auf einer Skala von Null bis Zehn bezüglich der folgenden Eigenschaften:

Vertrauen: 10
Mitgefühl: 8
Weisheit: 10
Akzeptanz: 10
Innerer Friede: 8
Zeugenschaft: 9

Schwarzer Brocken, was braucht Barb, um ihr Leben so zu leben als wären diese sechs grundlegenden Eigenschaften ihres authentischen Selbst völlig manifest?

Sie würde von selbst loslegen... sich um ihren Körper und ihre Seele kümmern.
Barb, was hast du dich selbst sagen hören?
Ich muss die Sehnsüchte meiner Seele erkennen und respektieren. Meiner Seele treu sein.
Barb, was hast du aus dieser Erfahrung gelernt? Wie kannst du sie nutzen in deinem Wachleben?
Mich aufzuwecken und zu handeln.

Nehmen Sie wahr, dass aus der Perspektive des Brockens sein Zweck darin liegt, sie aufzuwecken und bis sie das tut und etwas unternimmt, ist es tatsächlich zu Barbs Bestem, wenn er dableibt! Wie viele Menschen haben solch eine Einstellung zu ihren chronischen Beschwerden und Schmerzen? Nehmen Sie wahr, dass der Brocken von ihr will, dass sie spezifische, konkrete Veränderungen ihrer Gesundheit und ihrer Beziehung zu Mike vornimmt. Sind das nur Barbs Ziele oder repräsentieren sie innere Perspektiven, die sie nicht besitzt, oder ist es eine Kombination von beiden? Die hohe Wertung, die der Brocken sich selbst in den sechs grundlegenden Eigenschaften gibt, lassen darauf schließen, dass es sich um eine Verkörperung ihres potentiellen oder prospektiven Selbst handelt.

Natürlich kann man dem schwarzen Brocken noch ganz andere Fragen stellen. Dieses Beispiel liefert eine Struktur, um einen weiterführenden Prozess des Dialogs zu beginnen. Manchmal dient *Dream Yoga* dazu, das Bewusstsein dafür zu erhöhen, wo und wie wir feststecken; zu anderen Zeiten, wenn Menschen einen integralen Lebensplan entwerfen und ihn auf Grund solcher Empfehlungen verfolgen, wird *Dream Yoga* zu einer transformativen psychospirituellen Technik. Was das Befragen Ihrer Traumcharaktere und der Personifizierungen Ihrer Lebensthemen zum *Yoga* macht, ist jener weiterführende Prozess, der eine *disziplinierte Anwendung* ist. Die innere Wahrheit zu hören, ist eine Sache; sie zu nutzen, um uns zu motivieren, Veränderungen vorzunehmen, die echt sind, von Dauer und positiv, ist eine ganz andere. Mit anderen Worten, Barb musste entscheiden, ob sie die Empfehlungen ihres schwarzen Brockens einem Test unterzieht, in dem sie seinem Rat in ihrem Leben folgt. Das ist die einzige Möglichkeit, selbst herauszufinden, ob *Dream Yoga* wirklich hält, was es verspricht. Leider ist das für keinen von uns einfach! Es gibt Gründe, aus denen wir bequemer weise in unseren schlecht angepassten und nicht funktionierenden Mustern stecken bleiben, und sie verschwinden nicht einfach, nur weil so ein imaginierter Schwarzer Brocken des Wegs kommt und das verlangt! Deshalb müssen wir uns einen *Dream Yoga Practitioner* suchen, der uns hilft, einen integralen Lebensplan zu entwerfen und zu verfolgen, um die vernünftigen Empfehlungen unserer Musen und unserer Sangha Mitglieder jeden Tag unseres Lebens anzuwenden.

Teresa machte sich Sorgen über einen hartnäckigen Ausschlag, der von ihren Beinen bis zu ihren Unterarmen gewandert war. Als sie ihrer Hautreizung eine Farbe gab, wurde sie blutrot, als sei sie Sauerstoff ausgesetzt worden. Die rote Farbe füllte den Raum und verdichtete sich zu einem roten Plastikball, der hohl und mit Luft gefüllt war. Er sagte: “Es ist sehr angenehm für mich, vor Teresa zu sein. Was ich an mir am liebsten mag ist, dass ich ein Objekt zur Unterhaltung bin, man kann mich hüpfen lassen und herumkicken. Ich mag, dass ich eine harte Außenfläche habe. Wenn du mich aufprallen lässt, springe ich zurück. Ich bin nicht zerbrechlich. Ich personifiziere am ehesten Teresas Wunsch, mobil zu sein und mehr zu unternehmen. Wenn ich für Teresas Leben verantwortlich wäre, würde ich herumreisen und mich nicht so sorgen, ob das Geld reicht. Ich würde mehr Dinge unternehmen, die Spaß machen. Teresa ist selbst ihr größter Feind, wenn sie sich sorgt. Ich mach mir keine Sorgen. Ich bin ruhig und friedlich. Wenn Teresa sich die ganze Zeit so wie ich fühlen würde, hätte sie Frieden. Sie würde ihr Leben voll und ganz leben können."

Weil der Rote Ball sonst nichts über Teresas Hautreizung wusste, beschlossen wir, sie direkt zu fragen.
Hautirritation: "Ich ärgere Teresa. Ich mag das! Ich bin eine Ablenkung! Sie richtet ihren Blick auf mich. Ich bin stark, weil ich ihre ganze Aufmerksamkeit habe! Ich bin mächtig! Ich habe die Kontrolle! Ich halte Teresa davon ab, vorwärts zu gehen. Neue Ziele bringen mich zum Jucken. Wenn Teresa sich vorwärts bewegt, werde ich nicht mehr sein! Weil ich es ihr schlecht gehen lasse, existiere ich und sie bleibt abgelenkt von ihrer Angst, zu wachsen und sich zu verändern. Ich versuche, sie davon abzuhalten, dass sie sich voran bewegt. Ich verkörpere am ehesten Teresas Zögern. Ich würde empfehlen, dass sie eine andere Ablenkung findet: Sich bewegen und das Leben genießen. Wenn sie vorwärts geht, würde ich verschwinden."

Bemerken Sie, dass dieses Interview alle möglichen faszinierenden Fragen aufwirft. Warum sollte ein chronischer Hautausschlag sich selbst als hohler roter Ball ausdrücken, der sich als ein Unterhaltungsobjekt sieht, dass zäh und nicht zerbrechlich ist? Der Rote Ball sagt, er sei eine Personifizierung von Teresas Wunsch, sich mehr durch die Gegend zu bewegen und mehr Beschäftigungen zu finden, die ihr Spaß machen. Bemerken Sie, dass er ruhig und friedlich ist und sich im Gegensatz zu Teresa keine Sorgen macht. Deshalb ist er nicht einfach nur eine angenehme Reflektion aus Teresas Wachperspektive. Das Bedeutende ist, dass Teresa der rote Ball werden kann, wenn sie sich keine Sorgen machen möchte. Es gibt einen weiteren Hinweis, dass Teresas Sorge etwas mit dem hartnäckigen Ausschlag zu tun hat. Als wir die Hautreizung befragten, sagte sie uns, sie habe die Funktion, Teresa davor zu schützen, neuen Aktivitäten zu unternehmen, genau die Dinge, die ihr der Rote Ball zu tun empfiehlt. Die Hautreizung sagt: "Diese neuen Bestrebungen bringen mich zum Jucken. Wenn Teresa vorwärts geht, werde ich nicht existieren." Die Hautreizung sagte, sie verkörpere Teresas Zögern, neue Dinge zu versuchen. Wir fragten dann den Roten Ball, was er über das denkt, was die Hautreizung gesagt hat. An diesem Punkt fiel dem Roten Ball eine klare Diagnose für Teresas Ausschlag ein: "Teresa versucht auszubrechen, es juckt sie, von Dingen in ihrem Leben wegzukommen. Wenn Teresa handelt, wird sie ihren Ausschlag loswerden. Wenn Teresa sich keine Sorgen machte, würde der Ausschlag weggehen."

Nun, wer kann schon sagen, ob irgendetwas davon real ist oder stimmt? Alles, was wir tun ist, andere Perspektiven zu sammeln und dann Experimente zu unterstützen, in dem wir aus den Perspektiven heraus leben, die gesund sind und ihr Versprechen halten. Bemerken Sie, wie der Rote Ball den Ausschlag als visuelle Metapher für Teresas Thema sieht,

„... ausbrechen und es juckt sie, von Dingen in ihrem Leben fortzukommen.“ Obwohl das Erinnerungen wachruft an Louise Hay und an die Art metaphorischer Assoziationen zu Krankheiten, ist der Unterschied, dass diese innerlich bereitgestellt werden und nicht von außen, nach dem Motto: „Eine Größe passt für Alle“-, die sich als wahr oder nicht wahr für Sie erweist. Der Rote Ball stimmt zu, dass Teresa sowohl handeln, als auch aufhören muss, sich zu sorgen. Mit dem Verständnis, dass ihr Ausschlag sehr wohl schlimmer werden könnte, wenn sie mehr unternähme, wollte sie sehen, was passieren würde, wenn sie darauf bestand. Wir entwickelten eine integrale Lebenspraxis für Teresa, die bestimmte kleine Weisen festlegte, mit denen sie anfangen konnte, sich in ihrem Leben so vorwärts zu bewegen, wie es vom Roten Ball und der Hautreizung unterstützt wurde. Das beinhaltete tägliche Spaziergänge zur körperlichen Betätigung, die Suche nach einem anderen Job und einer Gruppe von Menschen beizutreten, die daran interessiert waren, meditieren zu lernen. Als sie anfing, diese Dinge zu tun, wurde die Hautreizung zuerst schlimmer. Dann begann sie, zu verschwinden. Nach einem Monat waren sowohl der Ausschlag als auch die Hautreizung weg.

Es ist nicht ungewöhnlich für unsere Schmerzen und gesundheitlichen Probleme zu behaupten, dass sie existieren, um uns davor zu schützen, Dinge zu tun, die außerhalb unserer Wohlfühlzone sind. Wenn wir das völlig verstehen, hören wir auf, uns selbst für unsere Probleme zu beschuldigen oder sie als unsere Feinde zu sehen. Sie sind einfach nur Verteidigung, der zugehört werden muss, weil sie unser Leben übernommen hat und dienen gleichzeitig als Weckruf unserer Seele.

Bedenken Sie, dass *Dream Yoga* keine Wunder- oder Spontanheilungen anbietet für die Herausforderungen des Lebens. Was es aber anbietet, ist ein Weg zu authentischer Heilung, Balance und Transformation, die ein Nebenprodukt des Zuhörens und des Befolgens der Empfehlungen der sowohl verwundeten als auch der potenziellen Teile Ihrer selbst sind.

Übungen

Sind Sie genetisch für irgendwelche Krankheiten anfällig?

Falls Sie ernsthaft erkranken würden, welche körperlichen Systeme wären am ehesten betroffen?

Wie wahrscheinlich ist es, glauben Sie, dass die geistig-emotionalen Stressoren in Ihrem Leben Sie anfällig für eine Krankheit machen?

Wie neutralisieren Sie die Auswirkungen stressvoller und emotional aufrührender Träume auf Ihre körperliche und geistige Gesundheit?

Befragen Sie einen Traumcharakter Ihrer Wahl und benutzen Sie den Fragebogen im Anhang IV oder befragen Sie ein Lebensthema oder ein körperliches Symptom und benutzen Sie die Anweisungen für das „Interview eines Selbst-Aspekts“, ebenfalls im Anhang IV.

Kapitel 13

Dream Yoga für Familien

Stellen Sie sich vor, Sie sind ein junges Kind und sitzen im Wohnzimmer mit Ihren Eltern, Ihrem Bruder und Ihrer Schwester. Ihre Mutter spricht über drei Lebensthemen, die tägliche Herausforderungen oder Sorgen für sie bedeuten: Einen Knoten in ihrer linken Brust, Uneinigkeit mit Ihrem Vater, ob Geld auf das Sparkonto für das College der Kinder eingezahlt werden oder lieber die Schulden des Kredits mit hohem Zinssatz abbezahlt werden sollen – und, wie man mit Ihnen umgehen soll, wenn Sie fernsehen, anstatt Ihre Hausaufgaben zu machen. Viele Menschen, viele Profis im Gesundheitsbereich so wie ich, werden Ihnen sagen, dass die ersten zwei Themen wohl kaum geeignet sind, sie als Eltern mit ihren Kindern zu teilen. Warum? Ich schlage vor, dass Sie Ihr Urteil vertagen, bis Sie den folgenden Bericht gelesen haben.

Nun erzählt Ihre Mutter einen Traum, den sie gehabt hat. Er kann aus der letzten Nacht sein oder von letzter Woche, oder aus der Zeit, als sie sechs war. Das spielt keine Rolle, aber er stammt aus der letzten Woche. Sie hören ihrem Traum mit Neugier zu. Sie beobachten und lauschen, wie ihre Mutter einen Charakter aus dem Traum wählt, um ihn zu befragen. Es ist ein Kaninchen. Sie, Ihr Vater und Ihre Geschwister stellen jetzt Ihrer Mutter, die so tut als ob sie ein Kaninchen wäre, alle möglichen Fragen aus den *Dream Yoga Interview Anweisungen*, die folgenden eingeschlossen:

„Kaninchen, was passiert in diesem Traum? Was tust du und die anderen Charaktere gerade? Kaninchen, wie fühlst du dich? Was magst du an dir und was nicht? Welche Aspekte der Träumerin personifizierst du wohl? Würdest du diesen Traum verändern? Falls ja, wie? Wenn du die Verantwortung für das Wachleben dieser Träumerin hättest, würdest du es verändern? Falls ja, wie? Wie würdest du mit den Themen des Wachlebens dieser Träumerin umgehen? Kaninchen, wie würdest du dich selbst einschätzen auf einer Skala von Null bis Zehn, hinsichtlich deiner Akzeptanz, deiner Weisheit, deines Mitgefühls, deines Gleichmuts, deines Vertrauens? Gibt es Zeiten im Wachleben dieser Träumerin für die du empfehlen würdest, dass sie sich vorstellt, du zu sein?“

An manchen Tagen werden zusätzliche Charaktere in einem Traum befragt, aber heute scheint einer auszureichen. Ihre Mutter scheint erfreut und zufrieden zu sein mit dem, was sie gehört hat. Sie ist damit einverstanden, ein oder zwei Empfehlungen des Kaninchens anzuwenden, die für sie Sinn ergeben. Es hatte sie ermutigt, ihren Knoten bald von einem Arzt untersuchen zu lassen. Es hatte auch empfohlen, dass sie und Ihr Vater zu einer Finanzberatung gehen und einen finanziellen Gesamtplan aufstellen, dem beide zustimmen und mit dem beide leben können. Zu guter Letzt ermutigte das Kaninchen Ihre Mutter, Ihnen bei der Entscheidung zu helfen, wann und wie lange Sie fernsehen sollten, unter Berücksichtigung Ihrer Hausaufgaben, Ihrer Noten, der Familienbande und der Bedürfnisse andere Familienmitglieder.

Nun beobachten Sie, wie Ihre Mutter Sie, Ihren Vater, Ihren Bruder und Ihre Schwester um Unterstützung bittet, nach diesen Empfehlungen zu handeln. Eine Woche vergeht und Sie freuen sich zu hören, was Ihre Mutter Ihnen zu sagen hat. Sie berichtet über ihren Fortschritt: Sie ging zum Arzt und hörte ein „Alles in Ordnung“ bezüglich des Knotens und erhielt gute Ratschläge für ihre Ernährung, die die Wahrscheinlichkeit weiterer Knoten in der Zukunft verringern könnte. Ihr Vater und sie haben einen Termin mit einem Finanzberater, um einen Plan zu erstellen. Und Sie erinnern sich, dass sie sich mit Ihnen hingesetzt hat, um Ihnen bei der Entscheidung zu helfen, welche Dinge erledigt sein müssen, damit Sie fernsehen dürfen. Sie sind sich nicht sicher, ob Ihnen dieser Plan gefallen wird, denn Sie haben ihn gerade erst aufgestellt, aber wenigstens freuen Sie sich darüber, dass Sie nach Ihrer Meinung gefragt wurden, anstatt einfach eine Regel vorgeschrieben zu bekommen, wie es sonst die ganze Zeit über der Fall war.

Nun hören Sie zu, wie Ihr Vater Gelegenheit erhält, drei Lebensthemen zu nennen. Dieses Mal befragen Sie ein Gefühl der Wut, die er hat, weil er bei der Arbeit bei einer Lohnerhöhung übergangen worden ist. Er hält das für ungerecht. Das Gefühl ist Rot und die rote Farbe nimmt die Gestalt eines Eiszapfens an. Sie sehen, dass er lernt, mit seiner Wut umzugehen und, dass das ein Teil seiner integralen Lebenspraxis ist, die sich von Woche zu Woche ändert, wenn er Ihnen allen berichtet, wie es ihm mit den Zielen, die er sich mit der Unterstützung seiner Sangha-Mitglieder und seiner Familie vorgenommen hat, ergangen ist. Jede Woche erhalten auch Sie Gelegenheit, über Ihre Praxis zu berichten. Nicht nur Ihre Sangha-Mitglieder und Musen geben Kommentare dazu ab, sondern auch die Ihrer Brüder, Schwestern und Eltern. Nachdem diesen inneren Stimmen zugehört worden ist, erfahren Sie auch von ihnen, wenn sie irgendetwas Zusätzliches zu sagen haben. Sie sind aufgeregt, denn nächste Woche sind Sie endlich an der Reihe! Sie wissen nie, was für verrückte Charaktere auftauchen werden und was noch besser ist, jeder hört Ihren Fragen zu und dem, was Sie zu sagen haben, wenn Sie an der Reihe sind. Jeder erhält Gelegenheit, seinen Beitrag zu leisten und niemand hat das letzte Wort. Jeder fühlt sich respektiert, was auch immer er beitragen möchte.

Ihre Werte

Als Kind, das an einem solchen kontinuierlichen Prozess mit seiner Familie teilnimmt, unterscheidet sich Ihre Lebenserfahrung sehr von der der meisten anderen Kinder, obwohl Ihnen das nicht klar ist. Es ist natürlich. Sie sind groß geworden in der Annahme, das sei etwas, was Familien tun. Was stellen Sie sich vor, welche Werte Sie lernen werden, wenn Sie regelmäßig familiäre Erfahrungen wie diese machen? Hier sind ein paar Möglichkeiten:
Sie lernen, dass es sehr wichtig ist, sich selbst zuzuhören; wenn wir anderen Standpunkten in uns selbst nicht zutiefst zuhören, können wir nicht sicher sein, dass unsere Pläne zu unserem größeren Selbst passen. Die meisten Menschen sind Adler, die auf einem Hühnerhof aufwachsen; daher verbringen sie ihr Leben kratzend und pickend ohne zu ahnen, dass sie geboren wurden, um sich hoch aufzuschwingen. Sie lernen, die Adler in Ihrer Mutter und in Ihrem Vater und in sich selbst zu sehen. Sie lernen, dass Eltern zuerst Menschen und erst dann Eltern sind. Familien verfangen sich in der zerstörerischen

Dynamik der Eltern/Kind Rollen. Aber Menschen sind erst einmal Menschen vor ihren sozialen Rollen. *Dream Yoga* ermöglicht Familien eine „Auszeit“ von den künstlichen Zwangsjacken, die diese oft nötigen Rollen erzwingen. Während des Interviewprozesses ist niemand Eltern und niemand Kind. Das ist so, weil diese Art der Rollenerwartung ausgesetzt wird und nur eine Perspektive des Sprechens und eine Perspektive des Zuhörens übrig läßt. Als Kinder müssen wir unsere Eltern respektieren und gehorchen. Als Menschen können Kinder und Eltern zeigen, dass sie sich gegenseitig respektieren, in dem sie wirklich dem zuhören, was der andere zu sagen hat. Wir wissen, dass wir mehr sind als nur diese Rollen, die wir spielen. Es gibt für Eltern Wichtigeres zu tun als gute Eltern zu sein, und das schließt ein, ein ganzer Mensch zu sein. Es gibt Wichtigeres für ein Kind als ein guter Sohn oder eine gute Tochter zu sein, und das schließt ein, ein ganzer Mensch zu sein. Sie lernen, dass es ein wichtiger, fortwährender Teil unseres Leben ist, sich Ziele zu setzen, und dass Ziele dazu da sind, regelmäßig überdacht zu werden, mit der Hilfe Ihrer inneren und äußeren Unterstützungssysteme. Sie lernen, dass Sie Ihr ganzes Leben lang eine integrale Lebenspraxis haben werden, in der *Dream Yoga* einen zentralen Platz einnimmt. Als Kind, dass das Leben in einer Familie erfährt, die *Dream Yoga* praktiziert, lernen Sie, dass es in der Ehe nicht nur um Liebe und Fürsorge geht. Es geht darum, einander dabei zu helfen, sich selbst treu zu sein. Sie lernen, dass es wichtiger ist, Authentizität zu pflegen als irgendeine Beziehung, sogar die Ehe. Sie lernen, dass jeder Probleme und Lebensfragen hat und wenn man von ihnen hört, heißt das nicht, dass wir uns darüber Sorgen machen oder sie übernehmen müssen.

Sie lernen, dass Sie die Probleme der Anderen nicht persönlich nehmen müssen.
Sie lernen, dass es in Familien um viel mehr geht, als den Eltern zu gehorchen: Es geht darum, dass Seelen lernen, einander zu unterstützen, ihren eigenen Lebensplänen zuzuhören und deren täglichen Ausdruck zu unterstützen.
Sie lernen, dass Sie aus mehr bestehen als nur Ihrem Ego. Sie entdecken, dass Sie Teile in sich erreichen können, die sehr weise sind. Sie erlangen die Erkenntnis, dass Ihr Wachselbst oft zu begrenzt ist, um sich allein darauf zu verlassen, wenn es gilt, Entscheidungen zu treffen.
Sie lernen, dass Sie um Hilfe bitten können und Hilfe erhalten, von fürsorglichen anderen und von inneren Stimmen.
Sie lernen, dass es selbstverständlich ist, das, was Ihre inneren Stimmen Ihnen zur Verbesserung Ihres Lebens empfehlen, anzuwenden.
Sie lernen, dass Ihre Familie und Ihre Freunde Sie unterstützen können und werden, damit Sie Ihren einzigartigen und authentischen Weg gehen können.
Sie lernen, dass Sie bessere Entscheidungen treffen, wenn Sie Ihre innere unterstützende Gemeinschaft um Rat fragen, als wenn Sie darauf bestehen die Dinge auf Ihre Art zu tun.

Wahrscheinliche Konsequenzen

Wenn Sie als junges Kind diese Werte verinnerlichen, wie könnten die Konsequenzen für Ihre Entwicklung und Ihr Leben aussehen?
Man könnte erwarten, dass diese Prinzipien alles erfassen, den, der Sie in der Schule sind, wie Sie Ihre Freunde

behandeln, wie Sie auf Grausamkeit, Ungeduld oder Wut in anderen reagieren, wie Sie daran gehen, auftauchende Probleme zu lösen und wie Sie über sich selbst nachdenken. Sie erleben, wie Ihre Eltern und Ihre Geschwister sich ehrlich ihre Lebensfragen mitteilen und dafür Verantwortung übernehmen. Das ermutigt Sie, das Gleiche zu tun. Weil niemand in der Familie jemand anderen für seine Probleme beschuldigt, tun Sie das auch nicht. Anstatt sich zu sorgen, wachsen Sie auf mit der Erfahrung, dass Ihre Eltern und Ihre Familienmitglieder sich auf Lösungen konzentrieren, also tun Sie das ebenfalls. An Stelle des Gefühls, so tun zu müssen als seien Sie zuversichtlicher als Sie es sind, sehen Sie, wie Ihre Eltern sich selbst erlauben, ihre Grenzen und Ängste einzugestehen und um Hilfe zu bitten, sogar Sie. Weil Ihre Eltern ehrlich und offen sind, sind Sie es auch. Beziehungen, die sowohl sehr intim als auch sehr ehrlich sind, sind für Sie leicht und etwas Selbstverständliches.

Dream Yoga für Ihre innere Gemeinschaft zeigt Ihnen, wie Sie Ihre Rolle des Kindes, des Geschlechts, der Rasse, der Nationalität, der Gruppe wie Kleider tragen, die Sie an- und ausziehen können. Das ist nicht wirklich das, was Sie sind, also haben Sie auch keine Angst, es zu verlieren. Sie verstehen die Erwartung Ihrer Eltern, dass Sie die Rolle des Kindes spielen und Sie tun das, aus Respekt für sie. Sie verstehen, dass es Zeiten gibt, zu denen Ihre Eltern die Rolle der Eltern spielen müssen. Sie sind Ihre Lehrer, die Sie respektieren und denen Sie gehorchen. Sie verstehen, dass Sie kein Erwachsener sind und dass Ihre Eltern weder erwarten noch wünschen, dass Sie die Probleme der Erwachsenen auf sich nehmen oder für sie lösen, obwohl Sie von ihnen wissen. Wenn Menschen eine Ihrer Rollen nicht mögen, nehmen Sie das nicht persönlich, denn das ist nicht das, was Sie wirklich sind. Wenn sich zum Beispiel jemand über Ihren Vater lustig macht, nehmen Sie das nicht persönlich, weil Sie wissen, Sie sind eine Seele in der Rolle eines Sohns. Ihr Vater ist eine Seele, und die Seele stirbt nicht, also braucht Ihr Vater keine Verteidigung. Wenn jemand sich über Sie lustig macht, weil Sie ihm erzählt haben, dass Sie und Ihre Familie mit Straussen, Wolken und Steinen reden, werden Sie verstehen, dass er einfach nicht dieselben Spiele spielt, wie Ihre Familie und wenn er es täte, würde es ihm wahrscheinlich Spaß machen. Er versteht es nur nicht besser! Wenn Sie eine Mathearbeit verhauen, sprechen Sie mit Ihrer inneren Gemeinschaft, anstatt zu denken, Sie seien ein Versager. Sie bitten um ihre Hilfe und bekommen Sie, in dem Sie jemanden finden, der Mathe gern mag und es gut kann. Sie befreunden sich mit dieser persönlichen Muse und bitten sie um ihre Unterstützung, während Sie daran arbeiten, Mathe zu lernen. Wenn jemand in Ihrer Familie stirbt, sind Sie sehr traurig. Und Sie wissen ebenfalls, aus vergangenen Erfahrungen, dass tote Menschen Sie in Ihren Träumen besuchen können und es tun. Sie wissen auch, dass die Seele nicht stirbt, weil sie niemals geboren wird. Und so können Sie Ihre Toten vermissen und sich ihnen dennoch, ganz tief innen, verbunden fühlen.

Gesellschaftliche Konsequenzen

Was könnten die langfristigen Konsequenzen für unsere Welt sein, wenn Sie und alle Kinder wie Sie auf der ganzen Welt in Familien groß würden, die *Dream Yoga* praktizieren?

Präpersonale und personale Entwicklung würde im Kontext transpersonaler Perspektiven geschehen. Kinder würden in Familien und Kulturen groß, die nicht von religiösen Überzeugungen regiert wären, die das Wachstum begrenzen, obwohl sie immer noch den von ihnen selbst gewählten spirituellen Weg gehen würden. Kinder würden in Familien und Kulturen groß, die Menschen nicht aufgrund ihrer Klasse oder ihres Status beurteilten, denn die Anhäufung von Gütern würde wenig bedeuten, wenn sie nicht die Anwesenheit der Seele verstärkten. Kinder würden in einer Umwelt groß, in der Gruppen- und nationale Loyalitäten zweitrangig wären, weil es wichtiger ist, sich selbst treu zu sein. Ein spirituell ausgerichtetes Familienleben, um *Dream Yoga* herum aufgebaut, würde helfen, den natürlichen Narzissmus und die Kurzsichtigkeit der Kindheit und Jugend zu entschärfen und einen Kontext schaffen, in denen Eltern respektiert werden und ihnen gehorcht wird, weil Kinder respektiert und geehrt werden.

Persönliche, familiäre, gesundheitliche, zwischenmenschliche und sonstige Lebensprobleme würden an ihren Wurzeln erkannt, eingestanden und innerlich angesprochen, bevor sie sich auf eine Weise äußern, die einem das Leben schwer machen. Der Prozess würde die natürliche therapeutische Unterstützung der unmittelbaren Nächsten zu Hause und bei der Arbeit beinhalten, da sie ebenfalls in Familien aufwachsen würden, die solche Prinzipien praktizieren. Davon wäre zu erwarten, dass es die Notwendigkeit massiver staatlicher und nationaler Unterstützungssysteme verringert – Wohlfahrt und Gesundheitsfürsorge – sowohl körperliche als auch geistige. Man könnte nicht nur viele Krankheiten aktiv erkennen und ihnen vorbeugen und sie verhindern, sondern sofortige

Unterstützungssysteme würden effektiv viele staatliche Einrichtungen ersetzen.

Kreativität und Einsatz der Arbeiter werden größer, wenn sie den innovativen inneren Perspektiven bezüglich der persönlichen und der Arbeitsthemen zuhören, die sie betreffen. Persönlicher Stress würde sich auf ihre Arbeit weniger störend auswirken. Sie sind wahrscheinlich kreativer und präsenter bei der Arbeit. Als Ergebnis wird sich ihre Produktivität erhöhen, was einhergeht mit einem Gefühl der Zufriedenheit mit ihrem Leben.
Dieser Anstieg der Kreativität wird seine Entsprechung in persönlichem und sozialem Wohlstand finden.

Die Verringerung der Angst ist mit einer geringeren Verteidigungsbereitschaft und geringerem Widerstand gegen Veränderungen verbunden. Als Ergebnis wird, sowohl die Entwicklung von Individuen, wie auch die Evolution der Kulturen in denen sie leben, glatter und schneller vonstatten gehen. Der Zugang zu transformativen Aspekten des Selbst wird den Weg zu sozialer Transformation weisen.

Die kulturelle Entwicklung wird Prioritäten allgemeiner Übereinstimmung widerspiegeln und nicht jene von Cliquen, die die soziale Ordnung zur Geisel nehmen und sie dahin entführen, wo sie weder hin will noch soll.

Wenn man mit *Dream Yoga* groß wird, würden Menschen mit Macht natürlich ihre inneren Sanghas konsultieren, in dem Wissen, dass ihre Wachidentität zu begrenzt ist, um uneingeschränkt für das Ganze ihrer selbst zu sprechen. Als

Ergebnis wird die Herrschaft persönlicher und sozialer Macht von einem Ort der inneren allgemeinen Übereinstimmung ausgeübt. Daher wird sie wahrscheinlich eher einen transpersonalen, authentischen Plan widerspiegeln und nicht nur die viel begrenzteren Bedürfnisse und den Willen der Mächtigen.

Kulturen wären weniger geneigt, aufregende jedoch vorübergehende und oberflächliche Lösungen für Lebensprobleme hochzujubeln. Es müsste eigentlich eine Bewegung entstehen, die wegführt von den Appellen an die Naivität: Konsum, der in Sex Appeal, Status und Angst begründet ist. Und zwar geschieht das deshalb, weil diese Werte – die größtenteils daran gebunden sind, die Akzeptanz und die Anerkennung der Anderen sowie eine kurzfristige Linderung des Stresses auf Kosten langfristigen Wachstums zu erreichen – in dem Maß unwichtig werden, in dem Menschen eine größere Selbst-Akzeptanz erleben und Anerkennung durch die vielen verschiedenen inneren Perspektiven erfahren. Während sich dieser Wandel vollzieht, beginnen sowohl Ökonomen wie auch Politiker zu verstehen, dass eine konsumorientierte Ökonomie die Psychologie der Abhängigkeit und Angst anheizt, wohingegen ein Gefühl der Fülle Zuversicht und Vertrauen schafft.
Weil Familienmitglieder Konflikte durch Anwendung von *Dream Yoga* in ihrem eigenen Leben klären, verstehen Bürger, dass Gewalt und Krieg das Resultat des Unvermögens sind, diese einfachen Techniken zu praktizieren. Als Folge wählen sie diejenigen als Stellvertreter, die eine erfolgreiche Tradition in der Ausübung dieser Fertigkeiten in ihrem Leben mit ihren

Familienmitgliedern, Freunden und Arbeitskollegen vorzuweisen haben.

Übungen

Stellen Sie sich ein Kind vor, das Sie mögen und das alt genug ist, um zu lesen. Wenn es sich um ein Mitglied Ihrer Familie handelt, umso besser. Bitten Sie es, Ihnen die Fragen des *Dream Yoga* Interviewbogens im Anhang II. vorzulesen. Schreiben Sie Ihre Antworten auf.

Benutzen Sie den Fragebogen abwechselnd mit einem Ehepartner, Liebhaber oder einem nahen Familienmitglied. Schreiben Sie Ihre Antworten auf. Befolgen Sie alle Vorschläge eine Woche lang.

Kapitel 14

Die Heilung unserer sozialen Albträume

Ich schreibe zu einem Zeitpunkt in der menschlichen Geschichte, wo seine Verantwortungslosigkeit den Menschen einholt. Ich lebe im Zwielicht eines goldenen Zeitalters des Konsums, das die Mythen des Fortschritts noch immer für selbstverständlich hält und den Kapitalismus als die Gans sieht, die goldene Eier niemals endender Steigerung des Lebensstandards legt. Sogar heutzutage sehen wir eine beträchtliche Verbesserung der Lebensbedingungen und der Möglichkeiten der Menschen in China und in einigen Gebieten Indiens, zwei der größten und ärmsten Länder der Welt. Die meisten dieser Verbesserungen sind den Möglichkeiten geschuldet, die ein freier und auf Wettbewerb beruhender Weltmarkt eröffnet. Trotz dieser erstaunlichen Erfolgsgeschichten wird dieser Traum unbegrenzter Möglichkeiten für diejenigen, die einfach nur hart arbeiten, mehr und mehr als das gesehen, was er ist: Als Anwendung einer Form sozialen Darwinismus, die dazu dient, die soziale Position der Habenden und der Nichthabenden zu rechtfertigen. Das liegt an der natürlichen Eigenschaft des Kapitalismus, auf die Maximierung der Profite und die Minimierung der Verluste aus zu sein. Manager von Kapitalgesellschaften und Firmeninhaber tun, was in ihrer Macht steht, um Kosten zu verlagern. Tatsächlich ist dies den Aktionären geschuldet. Es ist genau diese Motivation, die hinter der kontinuierlichen Errichtung kohlebeheizter Produktionsstätten in der ganzen Welt gesehen werden kann, obwohl der Beweis erbracht ist, dass der Nutzen der durch sie erzeugten Energie vom Verlust an Frischwasser durch das

Schmelzen der Gletscher wegen des in die Atmosphäre freigesetzten Kohlendioxyds und von der massiven Verödung fruchtbaren Landes auf Grund der globalen Erwärmung mehr als aufgewogen wird. Verlagerung von Kosten steckt hinter dem Kampf der Autoindustrie in den USA, die die Gesetze niederzukämpfen sucht, die höhere Meilen pro Gallone[14] verordnen, und dem Kampf der Ölindustrie, die versucht, den überwältigenden Beweis wissenschaftlicher Forschung über die globale Erwärmung in Verruf zu bringen. Weil die sozialen Kosten genauso wenig wie die Kosten für die Umwelt an die industriellen Verursacher gebunden sind, entsteht eine Illusion des Profits, wo die Kosten in der Tat astronomisch sind und noch weiter steigen. Als Ergebnis verwandelt sich der Menschheitstraum des unbegrenzten Fortschritts in einen Albtraum, an dem grundsätzlich der jeweils andere Schuld ist.

Wie Großkonzerne, beteiligen sich auch Individuen am Geschäft der Kostenverlagerung. Wenn ich dich dazu kriegen kann, Verantwortung für meinen Mist zu übernehmen, dann muss ich mich nicht darum kümmern. Jeder von uns spielt eine Version von „Der Hund hat meine Hausaufgaben gefressen". Damit wir weiteressen können, verlagern wir zum Beispiel die Kosten dafür in einer Weise, die unseren Planeten zerstört. Wir essen weiterhin Tiere, obwohl das mehr zur globalen Erwärmung beiträgt als die Emissionen der Autos und Flugzeuge, in dem wir Ackerland, Korallenriffe und die

---

[14]Anmerkung d. Übersetzerin: Deutschland versucht durch geeignete technische Maßnahmen den CO_2 Ausstoß der Autos zu verringern; die USA versuchen lediglich, den Verbrauch der Autos zu drosseln, ohne Rücksicht auf den CO_2-Ausstoß.

Ökosysteme der Flüsse verwüsten, allein die Emissionen lebendigen Viehs, 1,5 Milliarden Rinder eingeschlossen, produzieren Methan, das zwanzigmal schädlicher ist als Kohlendioxyd, was seine Fähigkeit betrifft, den Planeten zu erwärmen.[15]

Nicht im Besitz seiner Träume zu sein, ist eine weitere und grundlegende Form, Kosten zu verlagern. Das geschieht durch die Annahme, dass Träume objektive und wirkliche Erfahrungen sind und wir daher nicht für sie verantwortlich sind. Es geschieht auch dadurch, dass wir uns auf ein Buch, einen Hellseher oder Therapeuten verlassen, die uns ihre Bedeutung erklären. Es geschieht, indem wir uns einfach nicht an sie erinnern, der Theorie folgend, dass uns nicht wehtut, was uns nicht bewusst ist.

Leider funktionieren zumindest einige Träume nicht nach diesem Prinzip. Stattdessen werden sie lauter und lauter, bis die Albträume sich nach außen verlagern wie Teresas Ausschlag es tat. Wir können uns den globalen Traum der Menschheit auf ähnliche Weise vorstellen. Wie viele Berichte in den Medien hatte es über die globale Erwärmung gegeben in den Jahren und Monaten vor Katrina? Wie viele Zeitungs- und Geheimdienstberichte über terroristische Anschläge vor 9/11? Wie viele terroristische Anschläge gab es vor 9/11? Wenn wir das tiefe Zuhören nicht praktizieren, werden die Weckrufe lauter und lauter.

Der Mensch ist jedoch bei weitem die anpassungsfähigste Spezies, die dieser Planet jemals hervorgebracht hat. Sobald er

---

[15] Aus einem 400 Seiten umfassenden Bericht der „Food and Agricultural Organisation of the United States“, mit dem Titel „Der lange Schatten des Nutzviehs“.

aufwacht und erkennt, wie er sein eigenes Nest beschmutzt, wird er sich entsprechend anpassen. *Dream Yoga* hat eine Rolle in diesem Erwachen. Sie besteht darin, zu lernen, den Weckrufen zu antworten, bevor sie drastische Ausmaße erreichen, die man in Hinsicht auf die Breite und Tiefe des Leids, das sie verursachen, nur „karmisch“ nennen kann. Man kann dies tun, in dem man Wachthemen und Albträume, wie 9/11, wie Träume behandelt und die Charaktere in ihnen befragt, als wären sie Aspekte unseres eigenen persönlichen Traums, wie ich es tat in den folgenden Auszügen aus einer viel mehr umfassenden Traumsoziomatrix und einem Soziogrammm, das ich anlässlich dieses Ereignisses erstellte, kurz nachdem es passiert war. *Dream Yoga* ist besonders wirkungsvoll bei solchen polarisierenden Ereignissen, weil es durch den Prozess des tiefen Zuhörens die Wiedereingliederung von Selbst-Aspekten unterstützt, die uns nicht gehören. Jeder wird eine persönliche, einzigartige Version desselben Weltereignisses erschaffen, also ist das, was nun folgt, nicht das, was Sie finden würden, wenn Sie dasselbe täten. Ich lade Sie in der Tat ein, selbst verschiedene Charaktere aus dem folgenden kulturellen Alptraum zu befragen und herauszufinden, was sie zu Ihnen und über Sie zu sagen haben.

Ich beobachte, wie erst einer, dann ein weiterer riesengroßer Jet voller Passagiere in riesengroßen Feuerbällen in das New York World Trade Center kracht und dann auseinander bricht und Tausende tötet, einschließlich der Terroristen. Das Pentagon wird ebenfalls grauenhaft mit einer Flugzeugbombe angegriffen. Das Feuer wütet. Menschen befinden sich im

Schock, dann klagen sie und dann sind sie außer sich. Präsident Bush bereitet das Land auf einen Krieg vor.

Hier ist ein Teil von dem, was ich als „Träumer" dieses Wachtraums zu sagen hatte: "Ich mag mich selbst überhaupt nicht dafür, dass ich zugelassen habe, dass mir das passiert. Wie konnte ich nur so blind sein? Warum habe ich das nicht kommen sehen? Ich mag es überhaupt nicht, dabei zusehen zu müssen, weil es sich so passiv, so hilflos anfühlt! Ich fühle mich so machtlos als Beobachter! Als die Türme von den Flugzeugbomben durchbohrt wurden, fühlte ich wie ein großer Teil von mir starb. Ich hasse die Terroristen dafür, dass sie so etwas getan haben! Ich bemühe mich angestrengt, die Menschen und ihre Taten auseinander zu halten. Ich weiß, dass ich nicht wirklich die Terroristen hasse, sondern ihre Gedanken, Taten und Gefühle. Aber es fühlt sich an, als hasste ich die Terroristen selbst, weil ich Schwierigkeiten habe, das, was sie sind von dem zu trennen, was sie tun, denken und fühlen. Ich mag Präsident Bush, weil ich die Bedeutung und die Wichtigkeit der Rolle des Präsidenten zu einer Zeit wie dieser respektiere. Ich mag ihn nicht sehr, weil ich kein Vertrauen habe, dass er oder seine Berater den Weitblick haben, über ihre Angst hinaus zu sehen und durch ihre Reaktionen lediglich für weitere terroristische Anschläge sorgen werden. Ich verstehe nicht, wie dieser Krieg gewonnen kann. Ich denke, es ist ein Krieg, bei dem sich alle einig sein müssen, ihn nicht zu führen, weil ich nur Verlierer in diesem Krieg sehen kann. Was ich am wenigsten mag in diesem Traum, ist das Gefühl der Machtlosigkeit."

Hier ist etwas von dem, was ich in der Rolle der „Türme“ zu sagen hatte: “Ich bin sehr, sehr wütend, dass du es zugelassen hast, dass ich angegriffen und zerstört wurde! Du verdienst es, auf dich selbst wütend zu sein! Du hast nachlässig und unverantwortlich gehandelt, so selbstgefällig und faul, dass du nicht nur meine Sicherheit vernachlässigt hast, sondern auch unzählige Hinweise auf die Gefahr, in der wir uns befanden! Deine Passivität ist ekelhaft. Das Unrecht in der Welt zu ignorieren, bewirkt nicht, dass es verschwindet! Das macht es nur noch schlimmer, wenn es dann wirklich passiert. Krieg klingt gut. Was haben wir zu verlieren? Wir werden den Menschen zeigen, dass sie uns so nicht behandeln können!“

Als Nächstes hören wir von den Flugzeugen: “Wir hassen das Traumselbst dafür, dass es so passiv ist und nicht auf uns aufgepasst hat. Er will die Macht und die Freiheit, die wir ihm geben, aber er ist nicht willens, die Verantwortung auszuüben, die wir benötigen. Er ist wie ein Baby, das in der Nähe von Benzin mit Streichhölzern spielt! Er hat gerade sein Haus in die Luft gejagt und sich selbst verkohlt! Was ich am wenigsten mag in diesem Traum ist, dass ich ein hilfloses Opfer und Mittel bin, um Tausende zu zerstören.“

Hier ist etwas von dem, was ich als Feuerbälle zu sagen hatte: „Mir ist das NYWTC oder das Pentagon völlig egal, abgesehen davon, dass sie zum Brennstoff für mich werden, der meinen Ruhm erhöht. Die Flugzeuge und die Passagiere sind Brennstoff. Die Abstürze erlauben mir zu leben, also liebe ich sie. Ich liebe mich selbst! Ich liebe es, zu brennen! Die Terroristen erlaubten mir, mich selbst zum Ausdruck zu bringen und meine herrliche Natur allen bekannt zu machen. Also mag ich sie. Mich interessiert nichts außer selbst voll zu leben. Was ich am meisten mag an diesem Traum ist, dass ich frei bin, mächtig, und völlig lebendig! Was ich am wenigsten mag an diesem Traum ist, dass er aufhören musste. Ich hätte gern für immer gebrannt."

Hier ist etwas von dem, was ich als „Terroristen" zu sagen hatte: "Wir haben nur Verachtung für das Traumselbst. Er ist es nicht Wert, gehasst zu werden, nicht einmal nicht gemocht zu werden. Was wir mögen, ist, dass er zuschaut, weil er so von seiner Machtlosigkeit gegen uns erfährt, von seiner Selbstgefälligkeit. Er träumt seinen Traum von Sicherheit und Geborgenheit, während er wie ein Parasit von uns lebt, unsere Länder seiner Bodenschätze beraubt, unsere heiligen Stätten besetzt und diejenigen unterstützt, die Terroranschläge gegen unsere Frauen und Kinder verüben. Wenn wir sterben müssen, wird er ebenfalls sterben. Aber in unserem Tod werden die Herrlichkeit und die Überlegenheit des Islam leuchten. Sie sind schlafende Feiglinge; wir sind mutige, heilige Krieger, die ihren Glauben über ihre Bequemlichkeit und ihr Leben stellen, so ganz anders als das, was diese Schweine tun. Unser Tod, und der Tod dieser Symbole amerikanischer Arroganz, der Tod all dieser Komplizen des Mords an unseren Kulturen, bringen uns und unserer Sache Ruhm."
„Wir hassen diese Gebäude für das, was sie symbolisieren – den arroganten Versuch, unser Land, unsere Kultur, unseren Glauben zu dominieren. Die Flugzeuge mögen wir sehr als Instrumente unserer Bestrafung. Wir mögen die Passagiere, weil wir durch ihren Terror und ihren hilflosen Tod unsere Aussage unterstützen können. Als amerikanische Steuerzahler mögen wir sie nicht, denn sie unterstützen den Missbrauch

unserer Kultur. Wir lieben das Blutbad, den Horror, den Schmerz und sogar Schimpf und Schande, weil sie jetzt ganz genau wissen, wie wir uns fühlen und wie wir uns seit Jahrzehnten fühlen, erniedrigt durch ihre Arroganz und ihre Selbstgefälligkeit. Was wir am meisten an diesem Traum mögen ist, dass wir das Traumselbst und Amerika uns gegenüber wach machen. Sie zu der Erkenntnis bringen, dass sie uns nicht nur nicht ignorieren, sondern uns gar nicht ernst genug nehmen können. Durch unseren Tod zwingen wir sie, unsere berechtigten Ansprüche zu erkennen, anzusprechen und zu respektieren. Also ist unser Tod gut. Der Krieg ist gut, weil wir siegen werden. Der Tod all dieser Menschen ist absolut notwendig."

Hier ist das, was „Bush" sagte:" Ich habe ein mutiges Gesicht aufgesetzt, aber tief in mir drin weiß ich nicht, ob ich habe, was es braucht, um mit dem hier umzugehen. Ich möchte sehr gern in den Krieg ziehen, weil es mir einen Plan verschafft, um den herum ich die Menschen vereinen kann. Sonst hätte ich nämlich anderweitig Probleme bekommen. Aber ich bin mir einfach nicht sicher wegen dieses Kriegs. Ich möchte Rache, aber ich weiß nicht so genau, wen ich angreifen soll und ich sehe auch keine Strategie, um da herauszukommen. Ich fühle mich ziemlich ungemütlich... Was ich am meisten mag an diesem Traum ist, dass ich die Chance habe, Hoffnung zu verbreiten und zu beweisen, dass ich ein fähiger Führer bin. Was ich am wenigsten mag an diesem Traum ist, dass ich überfordert bin. Was ich nicht mag ist, dass ich wirklich nicht weiß, was ich tun soll und dass mich das machtlos aussehen lassen könnte und unfähig, wenn ich nicht aufpasse."

In der Traumsoziometrie geben wir auch dem Teil in uns eine Stimme, der den Traum überhaupt erst erschafft und den wir „Traumbewusstsein“ nennen. In diesem Fall wäre es das kulturelle Gruppenbewusstsein, das den Weltalbtraum 9/11 erschuf: “Ich habe es wirklich gehasst, dieses Drama erfinden zu müssen. Ich hasse es, dass das Traumselbst so tief schlief, so selbstzufrieden war, dass ich ihm kräftig in den Arsch treten musste, um ihn aufzuwecken. Ich musste ihn nicht nur einfach ärgern, sondern wütend machen. Ich gehe da ein Risiko ein, weil er seine Wut dazu benutzen könnte, mich abzuwürgen. Er könnte seine Wut benutzen, um sich selbst zu verletzen. Aber wenn ich ihn nicht aufwecke, wird er in einen noch tieferen Schlaf fallen. Dann werde ich ihn noch härter treten müssen, um ihn aufzuwecken. So habe ich ihm nun wehgetan. Aber ich habe seine Aufmerksamkeit. Nun, da er wachsam ist, wird er zuhören. Oder doch nur wütend bleiben? Ich hasse es, gezwungen worden zu sein, meine eigenen Kreaturen zu verletzen. Aber es ist an der Zeit aufzuwachen oder zu sterben. Wenn er nicht aufwacht, wozu bin ich dann gut? Der Tod ist besser als die selbstsüchtige Überheblichkeit des Schlafwandelns. Was ich am meisten daran mag, diesen Traum erschaffen zu haben ist meine Bereitschaft, große Risiken einzugehen, um ein besseres Ganzes zu erschaffen. Meine Hoffnung ist, dass Joseph dahin kommen wird, die Bedürfnisse ALLER Teile seiner selbst zu respektieren, anstatt sein Leben damit zu verschwenden, legitime Bedürfnisse von Teilen seiner selbst zu ignorieren und somit mit sich selbst auf Kriegsfuß zu bleiben. Was ich am wenigsten daran mag, diesen Traum erschaffen zu haben, sind der Schmerz, die Angst und die Wut, den er verursacht hat.“

Die meisten dieser Selbst-Aspekte empfahlen mir, zu meditieren. Die Terroristen empfahlen mir „denen in mir zuzuhören, die kein Wahlrecht haben“.
Es gibt viele provokative Kommentare in solch einem Interview, die tief blicken lassen. Aber vielleicht ist das Wichtigste daran, wahrzunehmen, wie klar, deutlich und autonom die verschiedenen Stimmen sind, die miteinander in einer Persönlichkeit existieren. Nehmen Sie bitte auch wahr, dass die grundlegende Botschaft die ist, Verantwortung zu übernehmen für ALLES, was wir erfahren, ob gut, schlecht oder hässlich. Es gibt in jedem und in allem etwas über uns selbst zu lernen, besonders in den Menschen und Ereignissen, die Sie am meisten aufwühlen. Je mehr Sie und ich Verantwortung übernehmen für das, was wir unseren Beziehungen und unserem Planeten angetan haben, und je mehr wir unser Einfühlungsvermögen in andere Perspektiven entwickeln, die unsere Wirklichkeit ausmachen, um so wirksamer werden unsere Anstrengungen sein, innerhalb unseres Lebenstraums zu erwachen.

Übungen

Nehmen Sie ein albtraumähnliches Lebensereignis und befragen Sie Charaktere in ihm wie ich es getan habe. Was entdecken Sie über sich selbst?

Kapitel 15

Dream Yoga als Unterstützung Ihrer spirituellen Entwicklung

Es war einmal vor langer Zeit, in einem Königreich weit fort von hier, da saß ein König auf seinem Thron und hielt Audienz vor seinen Untertanen. Dieses Ereignis war aus wenigstens zwei Gründen ungewöhnlich: Die Audienz fand auf einer Insel inmitten des Königreichs statt und das Bein des Königs, das gebrochen war, ruhte auf einer Fußbank und war bedeckt mit einem weißen Gips! Ohne das Wissen des Königs oder seiner Untertanen, landeten in diesem Moment zwei Feinde ihr Boot an der anderen Seite der Insel. Sie schlichen sich an den König und seine Wächter heran, legten ihre Bögen an und zielten mit Pfeilen auf den König! Die Menschen waren entsetzt! Keiner wusste, was zu tun war!

In diesem Moment begann der König nachzudenken. "Diese Männer wollen meinen Schatz. Was sie nicht wissen ist, dass er weg ist! Ich habe regiert, als hätte ich einen, aber ich habe keinen! Er ist weg, und ich weiß nicht, wo er ist! Ich werde ihnen das sagen müssen! Keiner wird mir glauben! Sie werden mich töten und das Königreich einnehmen! Alles ist verloren!"

In diesem bedeutenden Moment, als das Schicksal des Königreichs beschlossen war, ging die Sonne unter. Fackeln waren angezündet worden und wurden hoch in die Luft gehalten von der Menge und illuminierten den König, seinen Thron und die zwei Bogenschützen mit den Bögen im

Anschlag. In der stillen Erwartung des Moments, in der jeder auf die Antwort des Königs wartete, rief jemand aus:“ Schaut! Schaut den Gips des Königs an!“ Jeder bemühte sich, den weißen Gipsverband am ausgestreckten, gebrochenen Bein des Königs zu sehen. Der weiße Verband war unterhalb des Knies angekratzt und im Licht der Fackeln war ohne den geringsten Zweifel das Glitzern von Gold zu sehen!
Der König war so erstaunt wie die anderen. Er wusste nicht, was er von diesem seltsamen Anblick halten sollte. Als er tief nachdachte, dämmerte es ihm langsam, was geschehen war! Langsam erzählte der König seinen Häschern und seinen Untertanen die Geschichte.

Vor Jahren, während der Herrschaft seines Großvaters, war das Königreich durch eine Invasion bedroht worden. Den Verlust des königlichen Schatzes fürchtend, hatte sein Großvater alle kostbaren Reichtümer des Königreichs zur königlichen Gießerei bringen lassen. Dort wurden sie umgestaltet in alle möglichen Gegenstände des täglichen Gebrauchs: Löffel, Schüsseln, Teller und Türgriffe, mit einer natürlich wirkenden Glasierung kaschiert, und aus Gründen der Sicherheit über alle Häuser des gesamten Königreichs verteilt. All diese Jahre hatten er und sein Vater regiert, als besäßen sie die Reichtümer, die Macht und Autorität bestätigen, und es hatte nicht gestimmt! Stattdessen ruhten sie versteckt, sicher verborgen in den bescheidenen Häusern aller seiner Untertanen!

Verblüfftes Schweigen stellte sich ein. Die Bogenschützen waren wütend. Es gab keinen Reichtum zu stehlen! Die Untertanen waren verwirrt „Warum soll dieser Mann König sein? Er besitzt keinen Reichtum und deshalb keine Macht!" Aber langsam wurde allen klar, dass der Reichtum überall war, mehr als alle sich wünschen konnten, zu ihrer freien Verfügung! Reichtum war kein Thema mehr! Die Bogenschützen ließen ihre Bögen sinken, weil es keinen Reichtum mehr gab, den sie hätten stehlen können. Die Menschen betrachteten jetzt den König einfach als einen Mann, der sie regierte. War er gerecht gewesen? Hatte er zugehört? Hatte er sie beschützt? Sie stimmten überein, dass er das getan hatte. Und deshalb erkannten sie, dass sie wünschten, er möge weiterhin ihr König sein. Er konnte deshalb regieren, weil er war, wer er war, und nicht auf Grund seiner Reichtümer. Sie feierten ihren neuen Reichtum und ihren König bis in die Nacht.

Ich hatte diesen Traum, als ich ungefähr dreiundzwanzig war und in Charlottesville, Virginia, lebte und auf einer Couch in einem Apartment schlief. Jahre später, als ich lernte, Traumcharaktere zu befragen, sagte mir der König, er sei eine Personifikation meiner Wachidentität, die mehr durch die Macht der Gewohnheit regiert, als durch ein verdientes Recht. Ich wusste, dass ich in dieser Hinsicht eine Art Schwindler war, was die Macht betraf, die ich über den Rest von mir ausübte und deshalb teilweise eine Lüge lebte. Ich tat als ob ich viel mächtiger sei und mehr Kontrolle über mich selbst und mein Leben hatte, als es der Fall war! Durch diesen Traum kam ich darauf, dass das spirituelle Gold, das ich suchte und das meinem Leben Sinn und Zweck verleihen würde, überall um mich herum war, das Heilige direkt unter der Oberfläche des Profanen und Weltlichen meines täglichen Lebens versteckt. Meine Aufgabe war es, mich selbst ehrenhaft mittels der Güte meines Charakters zu regieren und nicht mittels Macht und

Kontrolle. Mein Verständnis für das, was es bedeutete, ein spirituelles Wesen in dieser Welt zu sein, erweiterte sich.

Für die meisten erfordert spirituelle Entwicklung eine Schulter zum Anlehnen. Andere dienen uns nicht nur als Verhaltensmodelle, die uns etwas über spirituelles Wachstum lehren, sondern sie sind auch Spiegel unserer eigenen Entwicklung. Spirituelle Unterstützung wurde traditionell von Priestern, Pfarrern, Gurus, Roshis und Mitsuchenden erteilt. Heilige Schriften, Leitfäden, Gebete und Rituale versorgen uns ebenfalls mit Anweisungen für unser Leben. Solche Quellen versorgen uns bestenfalls mit dem objektiven Wissen, dass wir uns selbst zuerst so sehen müssen, wie andere uns sehen um uns dann, idealerweise selbst so zu sehen, wie das Göttliche uns sieht. Unsere spirituellen Mitstreiter und Mentoren verkörpern den Zeugen, den Aspekt unserer selbst, der uns aus einer höheren, spirituelleren Perspektive aus beobachtet.

Auch wenn alle diese Formen der Unterstützung sehr wichtig sind, können sie dennoch Probleme bereiten. Wir können uns zum Beispiel einem Weg so sehr verpflichten, dass wir aufhören, unserer eigenen inneren Führung zuzuhören. Wenn wir darin aufgehen, der Wahrheit eines anderen nicht nur zu folgen, sondern seine Definition der Wahrheit auch noch verteidigen, wird diese Religion, oder diese Gruppe, dieser Weg oder dieser Lehrer wichtiger als die Treue zu unserem innersten authentischen Wesen. Das ist ein Rezept für die Katastrophe. Menschen machen diesen Fehler auch immer wieder bei der Wahl ihrer Partner. Sie führen sich selbst in die Irre, in dem sie glauben, dass sie ihren Seelenverwandten getroffen haben, wo sie nur ungerechterweise alle ihre unrealistischen Erwartungen und idealistischen Verzerrungen auf einen anderen Menschen projiziert haben. Hinzu kommt, dass obwohl äußere Quellen der Wahrheit uns zwar tatsächlich zu inspirieren vermögen, dieser Funke schnell verglüht und uns bestürzt zurück lässt und wir uns fragen, wie etwas, das sich so gut, so richtig, so echt angefühlt hat, so plötzlich ganz und gar verschwinden konnte. Weil Träume, Gefühle und körperliche Symptome universell sind, gibt es nichts im *Dream Yoga*, das mit anderen spirituellen Wegen in Konflikt geraten kann. Es ist dazu gedacht, den Weg zu unterstürzen, den Sie bereits gehen, und nicht, um ihn zu ersetzen. Ob Sie Mormone, Hindu, wissenschaftlicher Materialist, CEO (Chief Executive Officer), Zen Meditierender, humanistischer Therapeut, im Bereich der Gesundheitsfürsorge tätig, Katholik, oder Muslim sind, *Dream Yoga* dient dazu, Ihre Reise und Ihren Weg zu unterstützen. Sie müssen das weiterverfolgen, was in Ihrem Leben bereits funktioniert. *Dream Yoga* ermutigt Sie, jeden Lehrer oder Priester, jede Schrift, und jede Gruppe zu nutzen, die Ihnen angenehm ist. Allem und jedem kann und sollte man sich als Hilfe zu der eigenen spirituellen Entwicklung nähern.

Eine meiner Klientinnen, die seit mehr als drei Jahren mit *Dream Yoga* arbeitet, ist eine Zeugin Jehovas. Ich habe miterlebt, wie ihr Vertrauen, ihre Akzeptanz, ihre Weisheit, ihr Mitgefühl und ihr innerer Frieden im Kontext ihrer Kultur und ihres Wertesystems wuchsen. Seien Sie auf der Hut vor denen, die Sie nach ihrem Bild formen wollen! Verwurzeln Sie sich genau da, wo Sie sind und entfalten Sie sich, lassen Sie Ihr Licht und Ihre einzigartigen Begabungen das Beste in denen aufwecken, die um Sie herum sind. Wenn Sie eine Änderung in Ihrem Leben wollen, müssen Sie sich fragen: “Ist das die Seele, die Veränderung will oder bin das nur ich?“ Weil die Seele Sie völlig akzeptiert und nicht stirbt, besteht für sie keine Notwendigkeit zur Veränderung. Auch wenn die Seele Sie unterstützt bei den Veränderungen, die Sie vornehmen, ist es doch vermessen, davon auszugehen, dass Sie den Willen der Seele ausführen, wenn Sie nicht mehrere prospektive Selbst-Aspekte fragen, die Ihnen sagen, ob das so ist.

Ein grundlegender Bestandteil der Spiritualität ist Ihre Fähigkeit zurück zu treten und sich selbst und den Traum Ihres Lebens zu bezeugen. Diese Fähigkeit ist fundamental für das Vertrauen, das Mitgefühl, die Weisheit, die Akzeptanz und den Gleichmut. Jedes Mal, wenn Sie sich mit einem Selbst-Aspekt identifizieren, sterben Sie hinsichtlich Ihrer gewohnten Wachorientierung und Ihres Ausgangspunktes. Sie treffen stattdessen die Wahl, sich selbst aus der Perspektive des Anteils Ihrer selbst zu bezeugen, der sich als Behälter für das Mittagessen, Garteneidechse, UFO oder der Grand Canyon verkörpert. Wenn Sie sich selbst in einer dieser Rollen erleben, kultivieren Sie jene Aspekte des Zeugen, die er personifiziert. Wie wichtig das ist, kann gar nicht überschätzt werden.

Die Fähigkeit zu bezeugen, kam zu Rita in Form eines Saguaro-Kaktus. Er sagte: “Rita muss nicht die Kontrolle haben. Sie kann trotzdem sie selbst sein. Sie ist stark genug, um aufrecht zu stehen wie ich, ein Saguaro-Kaktus und sich durch diese Dinge nicht stören zu lassen oder sie Probleme verursachen zu lassen. Sie kann mitfühlend gegenüber Larry sein, mit dem, was er gerade durchmacht, ohne sich darin zu verwickeln und gepiekt zu werden.“ „Nichts stört mich, weil ich meine Stacheln habe, um mich davor zu schützen, dass

Menschen mich verletzen oder überhaupt anfassen. Ich habe einklappbare Stacheln, die verschwinden, wenn ich will, dass Menschen mich berühren, aber sie sind da, wenn ich nicht berührt werden möchte. Ich ziehe es vor, in der Ecke des Hofs zu stehen, weil es sich sicherer anfühlt, nicht allen Seiten ausgesetzt zu sein. Meine zarteste Seite zeige ich nicht, es sei denn, ich will es. Ich kann mich drehen, wenn ich bereit bin, mich von jemandem an meiner weichen Seite berühren zu lassen. Rita lebt ihr Leben bereits wie ich; sie hat es nur noch nicht völlig erkannt!"

Diese Kommentare durch Ritas Kaktus-Muse halfen ihr, ihre Kraft in Besitz zu nehmen, ihre Fähigkeit, sich selbst zu beschützen und doch verletzlich zu sein, wenn sie es wünscht. Die Tatsache, dass Rita diesen Traum überhaupt hatte, deutet an, dass dieses Bewusstsein bereits in ihr geboren war; *Dream Yoga* bewirkte lediglich eine Beschleunigung des Geburtsprozesses, in dem es ihr Wachselbst zum bewussten Unterstützer dieses Prozesses machte.

Dream Yoga nutzt zwei Sanghas, oder spirituelle Gemeinschaften, um ihnen die Objektivität zur Verfügung zu stellen, die Sie brauchen, um die Fähigkeit zu entwickeln, sich selbst zu bezeugen. Die erste ist Ihre innere Sangha. Sie besteht aus jenen Selbst-Aspekten, die durch die Qualität ihrer Führung und anhand ihrer Selbstbewertung bewiesen haben, dass sie transpersonale Perspektiven verkörpern. Sie werden bezüglich der Lebensentscheidungen konsultiert, für deren Bereich sie Experten sind. Die zweite ist Ihre äußere oder soziale Sangha, die aus denen besteht, die Ihren Wunsch teilen, Selbst-Aspekten zuzuhören, die sowohl ihre Wunden als auch ihre Potenziale verkörpern und jene Empfehlungen anzuwenden, die in Ihrem Wachleben einen Sinn ergeben. Das sind enger gefasst Ihre Brüder und Schwestern in der *Dream Yoga* Gemeinschaft, und weiter gefasst alle Menschen, Tiere, Pflanzen und Lebewesen überall. Das ist deshalb so, weil alles Ihnen Ihre Göttlichkeit widerspiegelt, wenn Sie Ihre Augen schärfen, um sie zu sehen. Wo immer Sie sind, was immer Sie tun, Ihre Welt spiegelt Ihnen die Wahrheit Ihres Wesens zurück und weist Sie auf den Weg hin, die Einzigartigkeit Ihrer Geschenke an die Welt auszudrücken. Ihre äußere Sangha wird zu einer Gruppe Gleichgesinnter, die einander helfen, *Dream Yoga* auszuüben. Wenn Sie irgendein Thema oder eine Sorge haben, sind sie da, um Sie zu unterstützen. Wenn Sie sie fragen, werden sie Ihnen sagen, was Sie wissen müssen.

Die von außen unterstützende Gruppe, die mit Ihnen die Verpflichtung gegenüber dem „Yoga" des tiefen Zuhörens teilt, wird Ihre *Dream Yoga* Sangha genannt. Sie kann, muss aber nicht, von einem Menschen angeleitet werden, der in *Dream Yoga* ausgebildet ist oder ein ordinierter Pfarrer, der auch ein seelsorgerischer Berater ist, Ältester genannt. Obwohl *Dream Yoga* in erster Linie ein Weg ist, der Ihren eigenen religiösen Vorlieben angepasst werden kann, eröffnet es denen Möglichkeiten, die auf der Suche nach Wegen sind, andere in ihren Anstrengungen zu unterstützen, ihr Leben in Einklang mit einem Lebensplan zu bringen, der transzendiert und den der Wachidentität mit einschließt. Im Grunde genommen ist das eine spirituelle Aufgabe und keine medizinische, aber die Anwendung von *Dream Yoga* ist genau so gut in einer Klinik möglich.

Die Struktur einer *Dream Yoga* Sangha, die sich vielleicht wöchentlich persönlich trifft, in einer telefonischen Konferenz oder online, ist einfach. Wenn es niemanden gibt, der ausgebildeter *Practitioner* ist, können die Mitglieder einen Leiter wählen oder nach dem Rotationsprinzip jemanden bestimmen. Der Leiter liest eine Absichtserklärung vor, die erklärt, was eine *Dream Yoga* Sangha ist und den Ablauf der Veranstaltung erläutert. Dann wird gefragt, wer ein Lebensthema hat, das er gern mit den anderen teilen möchte. Ein Beispiel für eine Absichtserklärung können Sie im Anhang I finden. Die Interviewanweisungen im Anhang IV werden benutzt, um die Befragung von Traumcharakteren oder einer wachgerufenen Vorstellung zu führen. Das dauert im Allgemeinen etwa eine halbe Stunde. Es wird eine Niederschrift der Sitzung verfasst, einmal, um sie dem Menschen, der Führung sucht, vorzulesen und zum anderen, um ihm eine Kopie des „Vortrags" zu geben, den er sich selbst gehalten hat. Das hat mehrere Funktionen. Wenn Menschen in einer Rolle sind, erwartet man nicht, dass sie über das, was sie sagen nachdenken oder sich daran erinnern, weil das leicht dazu führt, dass sie aus der Rolle aussteigen. Wenn eine Niederschrift angefertigt wird, können sie nachlesen, was passiert ist. Zweitens unterstützt das Vorlesen der Aussagen, die der Träumer über sich selbst gemacht hat, die Akzeptanz und Verinnerlichung der Eigenschaften der Rolle, die sie eingenommen haben. Drittens stellt die schriftliche Fassung für die ganze Gruppe eine weitere Quelle der Inspiration dar. Ich ziehe es vor, die Antworten auf die Fragen, die ich den Charakteren stelle, auf einem Laptop mitzuschreiben. Dann sende ich eine Kopie in Form einer E-Mail an die anderen.

Zum Schluss teilen andere Sangha-Mitglieder der Gruppe mit, welche Resonanz die Kommentare der Selbst-Aspekte in ihrem

Leben ausgelöst hat und wie sie selbst in der folgenden Woche davon profitieren könnten, wenn sie diese nutzen.

Der Sinn einer *Dream Yoga* Sangha liegt nicht nur darin, die Teilnehmer in Verbindung mit starken und inspirierenden Quellen praktischer spiritueller Führung zu bringen, sondern stellt darüber hinaus für die Zuhörer eine Möglichkeit dar, sich von den Charakteren, die eine Stimme erhalten, inspirieren und leiten zu lassen. Falls Teilnehmer denken, dass sie wissen, was der Traum bedeutet, können sie die Charaktere um deren Meinung bezüglich ihrer Interpretation fragen. Sie können den Charakteren auch persönliche Fragen zu ihrem eigenen Leben stellen, wenn sie darauf Lust haben. Die Gruppe kann ebenfalls Charaktere zum Wachstum und zur Entwicklung der Sangha selbst befragen.

Es ist wichtig, die praktische Umsetzung selbst der einfachsten Anweisungen zu betonen, die aus uns heraus sprudeln und die wir zu übersehen geneigt sind, weil sie uns so selbstverständlich erscheinen. Das ist die Lage, in der wir uns oft hinsichtlich unserer Träume befinden. Hier ist ein Beispiel.
Ein studierter Gelehrter begab sich auf eine lange und schwierige Seereise. Beseelt von dem Wunsch, die Mannschaft mit der Tiefe seines Wissens zu beeindrucken, nahm er die einfachen Seeleute, die ihren Pflichten nachgingen, beiseite und stellte ihnen Fragen. „Sagen Sie mal, guter Mann“, fragte er zum Beispiel einen Seemann, „haben Sie Philosophie studiert?“ Die Antwort des Seemanns war: “Oh nein, ich bin doch bloß ein einfacher Seemann. Ich weiß nur, wie man dieses Schiff von einer Küste zur anderen segelt.“ Der Gelehrte erwiderte: “Sie armer Mann, Sie haben Ihr halbes Leben

verschwendet.“ Am folgenden Tag sollte er den Seemann wieder fragen: “Haben Sie Geometrie studiert, guter Mann?“ Und der Seemann antwortete wieder: “Nein, tut mir leid, mein Herr. Ich raffe nur die Segel und steuere das Schiff.“ Der Gelehrte wiederum schüttelte verzweifelt seinen Kopf und sagte nur: “Sie armer Mensch, der Sie in Unwissenheit vor sich hin leben, Sie verschwenden einen großen Teil Ihres Lebens.“ Tag für Tag ging die Fragerei weiter: “Haben Sie Anthropologie studiert? Zoologie? Psychologie?“ Der Seemann konnte nur verneinend seinen Kopf schütteln. Eines Nachts drohte das Schiff in einem Sturm unter zu gehen. Der Gelehrte beobachtete ängstlich die tosenden Wellen und klammerte sich an den Mast. Der Seemann näherte sich ihm und fragte: “Haben Sie, guter Mann, zufällig Schwimmologie studiert?“ Verwirrt wie er war, konnte der Gelehrte nur seinen Kopf schütteln. „Das ist aber wirklich zu dumm“, sagte der Seemann. „Sie haben Ihr ganzes Leben verschwendet, das Schiff sinkt nämlich.“[16] Die meisten Menschen verbringen ihr Leben damit, ihren eigenen Marsch der Errettung zu blasen. *Dream Yoga* lehrt uns, vorbereitet zu sein und Leiden zu verhindern, in dem wir uns mit der Ordnung unseres authentischen Selbst in Einklang bringen.

Rebecca befragte einen Gruppencharakter, Menschen in einem Auto. Sie sagten ihr: “Das hier ist unser Platz der Verjüngung. Es ist unsere Art Sangha. Rebecca hat die Gabe, bei uns zu sein. Sie braucht nur zu meditieren. Das Dilemma besteht

---

[16] Eine buddhistische Geschichte aus dem Buch „Geschichten der Seele, Geschichten des Herzens“, herausgegeben von Christina Feldmann & Jack Kornfield

darin, dass sie denkt, sie müsse körperlich anders sein, als sie ist. Das braucht sie nicht. Sie kann anders werden, aber es funktioniert nicht so wie sie denkt.

Es passiert auf Grund ihrer Fähigkeit zu meditieren und sich auf dieser Ebene zu verbinden. Wir repräsentieren keine Gruppe, der sie körperlich beitreten muss. Sie hat mit sich gekämpft, um Unity beizutreten oder den AA, um eine Verbindung zu schaffen. Aber sie muss erkennen, dass die Verbindung in ihr drin ist. Sie macht ihre Sache gut. Sie meditiert seit einer Weile. Wir sind hier, um zu bestätigen, dass sie es gut macht und wir jederzeit hier sind. Wir sind froh, dass sie ist, wo sie ist. Sie kann am besten von uns Gebrauch machen, wenn sie sich während des Tages mit uns verbindet. Wir sind ihre spirituelle Familie; wir sind ihre Führer. Wir sind hier, um ihr beizustehen. Alles, was sie tun muss ist, einen kurzen Moment an uns zu denken und wir sind da." „Wenn sie sich selbst in diesem Auto sitzend erlebt, bei uns, wann immer sie meditiert, wird sie erkennen, dass sie zu diesem Zeitpunkt nirgendwo Mitglied werden muss. Wenn sie uns herbeiruft, werden wir ihr ein Gefühl des Friedens vermitteln und dass alles gut ist. Es wird keine schwere Reise werden. Die Sache mit der Arbeit ist kein großes Ding. Sie ist sehr talentiert. Das Thema ist, dass sie keine Verbindung spürte und das Gefühl hatte, sie müsse einer Gruppe beitreten. Das muss sie nicht. Sie wird Menschen anziehen, die ähnlich denken. Wir sind Engel und wir können fliegen! Wir sind da für sie. Sie muss sich daran erinnern, dass wir da sind und uns herbei rufen, wann immer sie will. Es geht nicht um Hilfe, sondern darum, dass sie ein besonderes Wesen und nicht allein ist. Wir sehen Rebecca nicht als allein und wir wollen auch nicht, dass sie sich allein fühlt. Sie wird wissen, dass alles okay ist und sie da ist, wo sie sein muss. Das Timing ist in allem perfekt.“

Rebecca sagte: “Was ich mich selbst sagen hörte ist, dass ich keiner Vereinigung beitreten muss. Es ist eine Zeit des Atemholens, des Auftankens. Hierher zurückzukommen hat eine große Last von mir genommen. Das Thema mit meiner Familie ist, dass sie aus ihrem eigenen Bewusstsein heraus handeln. Ich kann sie nicht verurteilen, aber ich kann meine Wahrheit sagen und ich selbst sein. Ich muss ein bisschen geduldiger sein mit meiner Mutter und ihr ihre eigene Reise zugestehen. Diese Gruppe ist täglich für mich da, immer. Ich muss sie nur herbeirufen. Es wird einfach besser werden. Die Sache mit der Arbeit wird sich entwickeln. Nicht einfach nur etwas tun, um etwas zu tun! Diese Zeit geht vorbei, wenn ich mir das gesamte Bild anschaue. Ich muss lernen, die Dinge zu genießen, denn das Leben ändert sich so schnell.“

Unser spiritueller Weg zeigt sich uns überall, sogar in unseren Albträumen. James teilte uns den folgenden Traum mit: “Ich sitze auf einem harten Holzfußboden. Überall um mich herum in diesem Raum sind kalte Steinmauern, ungefähr dreißig Fuß hoch. Es gibt keine sichtbare Lichtquelle. Es ist halbdunkel. Ich sitze in einer Meditationshaltung und meditiere. Ich sehe die Figur eines Mannes, sehnig, dunkles Gesicht, spitz, mit sehr klaren Zügen. Es ist nicht das Gesicht eines Menschen, mehr das Gesicht eines Monsters. Es macht mir Angst. Dann schwebt er plötzlich vor mir in der Luft und fängt an, mit mir zu sprechen! Ich erkenne auf der Stelle, dass er mein Guru ist, mein spiritueller Lehrer. Ich merke, dass ich nichts zu fürchten habe. Ich erkenne, dass diese Wesenheit mich zu der immer währenden Glückseligkeit Gottes führen wird. Langsam erhebe ich mich mit ihm in die Luft, aber nicht mit meinem Körper. Es fühlt sich beinahe so an, als schwebe meine Essenz nach oben. Ich spüre diese unverdünnte ekstatische Freude, Liebe und Glückseligkeit. Ich kann nicht einmal annähernd beschreiben, wie es sich anfühlt! Es ist ein Gefühl des Einsseins mit dem Universum! Ich weiß, ich trete aus der Dualität heraus und meine Zeit des materiellen Daseins ist vorbei und ich beginne mit dem Unendlichen zu verschmelzen.“

Der Guru sagte zu James: “Ich mag mein Gesicht. Ich mag nicht, dass mein Gesicht dir Angst macht, aber du musst sehen, was hinter den äußerlichen Erscheinungen steckt. Ich hätte als alles Mögliche erscheinen können. Ich habe diesen Körper gewählt, um zu lehren. Ich bin hier, um dir zu helfen, dich wieder mit dem Unendlichen zu verbinden, mit deiner Selbstverwirklichung. James hat eine Sehnsucht in seinem Herzen und in seiner Seele, die Wahrheit zu finden. Er sehnt sich danach, den Grenzen zu entkommen, die er sich selbst setzt. Mit seinem Herzen hat er mich gerufen, also bin ich gekommen. Ich bewege mich, in dem ich durch die Luft schwebe, weil ich Eins mit dem Universum bin. Ich kann überall sein, alles sein, zu jeder Zeit. Ich kann ein Mensch sein, der in der Luft schwebt.“

„Ich verkörpere am ehesten James höheres Selbst. Er muss sein höheres Selbst als Monster sehen, weil er mich zu diesem Zeitpunkt so sehen möchte. Er hat noch immer Angst vor der Zukunft, er fürchtet sich immer noch loszulassen. So erschafft er in seiner Angst ein Monster. Meine größten Stärken sind meine Einheit mit allem, meine völlige Verwirklichung und mein

Verständnis des Universums. Der Grund, aus dem ich in diesem Traum bin, ist James zu zeigen, dass es Hoffnung gibt, dass all das nicht allein getan werden muss und er in seinem Streben nicht alles allein tun sollte, dass er Unterstützung hat, dass er stets und für immer geliebt wird, und diese Verbindung niemals abbricht."

„Wenn ich verantwortlich wäre für James Leben, würde ich es nicht verändern. Er tut genau das, was er gerade tun muss. Er hat kürzlich ein paar Dinge verändert und es war genau das Richtige. Was das Geld betrifft, so ist sein Glauben an das Göttliche stark, seine Geduld jedoch schwach. Er hat wenig Geduld. Er lernt gerade, Geduld zu erleben und zu haben, und zu erkennen, dass das, was er sich wünscht zu ihm kommen wird, wenn er es braucht. Er muss mit dem was er tut vertrauensvoll und geduldig weitermachen und der Angst nicht erlauben, über seine Vernunft zu siegen. Lass es raus, lass es gehen und gib es ab. Er wird ein guter Vater sein, aber das weiß er. Was den allein erziehenden Vater betrifft, die Situation wird sich von selbst klären. Nichts muss getan werden, nur einfach sein und mitgehen. James wird davon profitieren, wenn er sich mit mir identifiziert, in dem er erkennt, dass ich immer hier bin, er in mich hineinwachsen und dass er eins sein wird. Er muss nur weiter lächeln und lachen. Spiel ein bisschen mehr! Sein niederes Selbst ist eine Zeit lang vernachlässigt worden. Folge deinem Herzen! Was *Dream Yoga* angeht, ist das eine wunderbare Sache für ihn es zu lernen. Er wird höhere Formen der Meditation und der Selbstverwirklichung später in seinem Leben lernen, aber sein Verlangen Anderen zu helfen, wird ihn zum Lehren weitere Dinge führen, die ihnen dabei helfen werden, sich selbst zu erkennen."

Übungen

Hören Sie auf zu lesen und hören Sie einfach auf zu denken. Der durchschnittliche Erwachsene schafft es nicht länger als 60 Sekunden, keinen Gedanken zu haben. Wie lange schaffen Sie es?

Im *Dream Yoga* werden Sie Anteilen begegnen, die überhaupt nicht denken. Sie sind reine Zeugen. Wenn Sie lernen, sich in sie zu verwandeln, werden sie Ihnen beibringen, wie man meditiert.

Kapitel 16

Was Studenten über *Dream Yoga* sagen

Studenten des *Dream Yoga* absolvieren eine Reihe von Kursen, um zu lernen, wie man andere und sich selbst befragt. Diese Kurse sind im Anhang II aufgeführt. Für jeden Kurs ist es erforderlich, mindestens vier Interviews zu führen und sich wenigstens viermal befragen zu lassen, zusätzlich zu jeder Selbstbefragung, die durchgeführt wird. Am Ende eines jeden Interviews beantworten die Studenten eine Reihe von Fragen. Die Fragen werden zusammen mit dem Interview dem Lehrer vorgelegt.

Was denken Sie, in welcher Weise der Befragte am meisten von Ihrem Interview mit ihm profitiert hat?

Wie können Sie weiterverfolgen, ob er/sie diese Erfahrung umsetzt?

Was lief gut?

Gab es irgendeine Stelle, an der der Träumer verwirrt war?

Was haben Sie aus der Erfahrung, diesen Menschen zu befragen, gelernt?

Was haben Sie über *Dream Yoga* gelernt?

Was haben Sie über sich selbst gelernt?

Hier folgen einige Beispiele der Antworten auf diese Fragen, die Studenten mir geschickt haben hinsichtlich ihres *Dream Yoga* Abenteuers:

„Ich habe gelernt, dass ein Traum sowohl deine dunkelsten wie deine hellsten Seiten auf einmal verkörpern kann. Es erstaunt mich, wie die Charaktere in dem Traum anwesend sein können, um dir genau zu zeigen, was du hören musst, genau zum richtigen Zeitpunkt. Sie kommen raus damit, direkt vor deinen Augen. Es verdeutlicht wirklich, wie wir alle diese gegensätzlichen Eigenschaften in uns haben und dass sie perfekt für uns sind. Es hilft mir, die Menschen nicht so sehr zu beurteilen. Es hilft mir auch, etwas mehr von dem Menschen zu verstehen, den ich interviewe. Sogar meine Mutter, die ich sehr gut kenne! Jedes mal, wenn ich ein Interview führe, lerne ich es besser zu machen und ich gewinne mehr Zutrauen in meine Fragen."
„Was ich über *Dream Yoga* gelernt habe, ist wie es uns mit unserem innersten Selbst verbindet, wie es den ganzen täglichen B.S.[17] umgeht und die Persönlichkeitsanteile, die wir etabliert haben, um uns zu dem zu führen, der wir wirklich sind. Das ist etwas Besonderes: Es ist ein Geschenk, Zugang zu dem zu erhalten, was uns göttlich gegeben ist. Es ist auch ein Geschenk für mich, in der Lage zu sein, jemandem auf diese Weise zu helfen. Ich habe das nie zuvor wahrgenommen. Es ist wunderbar, jemanden zu befragen und sie schauen dich an, als

[17] Anmerkung der Übersetzerin: B.S. ist die „höfliche" amerikanische Abkürzung für „BULLSHIT" (Scheiss)

hättest du Fragen beantwortet, die sie ein Leben lang verfolgt haben! Ich habe natürlich keine ihrer Fragen beantwortet – ich habe ihnen nur geholfen, an ihre eigenen inneren Wahrheiten zu kommen.
Und jetzt sehen sie endlich das Licht und fühlen sich zuversichtlicher auf ihrem Weg, oder vielleicht hast du auch geholfen, ihnen ihren Weg zu zeigen, als sie sich so ganz verloren fühlten. Ich möchte das jeden Tag mit Menschen machen! Es gibt mir ein Beispiel für die Kraft, uns selbst zu heilen. Ich habe das immer gesagt „Du hast das Vermögen, dich selbst zu heilen". Ich bin nur ein Vehikel dieses Wissens. Ich bin hier, um dir den Weg zu zeigen und dich auf deinem Weg zu unterstützen. Mir ist klar geworden, dass *Dream Yoga* etwas ist, was mir wirklich Freude macht, und das ich anwenden will, in meinem und dem Leben Anderer."
„Ich habe gelernt, dass ich wirklich diesen Raum mit jemandem halten kann, ohne meine eigenen Ideen hineinzutun. Ich habe gelernt, dass ich ein besserer Zuhörer bin als ich dachte und wie riesengroß der Nutzen ist, den Botschaften zuzuhören, die wir jeden Tag die ganze Zeit von innen erhalten, die wir aber abschütteln, als wären sie nicht wichtig. Ich habe nicht nur gelernt, mir selbst besser zuzuhören, sondern auch Anderen."

„Ich denke, Rachael hat wirklich eine Menge aus dieser Erfahrung herausgezogen, so viel, dass ich es nicht so gut mit Worten belegen kann. Ich denke, sie hatte die Gelegenheit einiges loszulassen und es geschah ein einem für sie sicheren Ort. Ich habe eine Menge über Rachael gelernt bei diesem Interview. Es geschehen eine Menge mehr Dinge, als das Auge sehen kann. Ich habe verstanden, dass sie sich wirklich selbst liebt! Was ich über *Dream Yoga* gelernt habe ist, wie erstaunlich es bei Menschen funktioniert, die den Wunsch haben, sich selbst zu helfen; es ist so überzeugend! Über mich selbst lernte ich, dass ich mit einigen von Rachaels Themen in Resonanz war und das hat mir geholfen, selbst über Dinge nachzudenken!“

„Ich denke, meine Studentin hat in der Weise vom Interview profitiert, dass ihre inneren Aspekte sehr interessant sein können, weise und liebevoll und ihr zur Verfügung stellen, was sie auf jedem Schritt ihrer Reise braucht. Ich kann weiterverfolgen und sehen, wie sie ihre Erfahrung umsetzt, in dem ich sie frage, wie es ihrem Selbst-Aspekt geht. Es lief alles gut, da sie leicht Zugang zu ihrem Charakter bekam und ihm zuhörte. Ich habe festgestellt, dass ich wirklich gern noch die Katze befragen würde und dass *Dream Yoga* endlos Spaß und große Einsicht sein kann. Ich habe gelernt, dass ich das Befragen mag und dass ich gern mit Vicki spreche. Ich habe gemerkt, dass es in meiner eigenen Seele einen ähnlichen, sich selbst liebenden Charakter gibt und dass ich angefangen habe, meine Sangha-Mitglieder zu nutzen. Ich habe mich daran erinnert, zu meinem Mikrofon zu werden, als ich letzten Freitag meine Erfahrungen all diesen Fremden mitteilte und alles lief prima! Wenigstens denke ich das!“

„Die Frau, die ich interviewte, hatte in gewisser Weise Stress mit ihrem Ehemann. Er hat sich beschwert, wie viel Zeit sie in der Schule verbringt. In dem sie ihren Selbst-Aspekten zuhörte, erkannte sie, dass sie ihrer Ehe mehr Aufmerksamkeit schenken muss ohne aufzugeben, wer sie ist und wer sie werden möchte. Sie möchte noch ein Interview machen und sie sagte, dass sie das nächste Mal entweder ihre Cousine oder die Baby-Krippen befragen möchte. Sie stieg in die Rolle ein, als wäre es ihre zweite Natur! Obwohl ich nicht verheiratet bin und zu diesem Zeitpunkt in keiner Beziehung bin, habe ich durch ihre Lebensthemen und die Erkenntnis ihrer Charaktere, was sie braucht, um Einigkeit in ihrer Ehe zu schaffen, eine wertvolle Lektion gelernt. Was ich über *Dream Yoga* gelernt habe ist, dass es immer besser wird."

„Ich denke, Marcy hat die Gelegenheit erhalten, zur Seite zu treten und der Zeuge zu sein. Ich glaube, es ist ihr schwer gefallen, aber das ist in sofern gut, als dass es ihr zeigte, wie schwer sie sich tut und was nötig ist, um das zu verbessern. Ich denke, es ist ein großer Gewinn für sie, in der Lage zu sein, manchmal zur Seite zu treten und Zeuge zu sein. Ich denke, sie hat auch davon profitiert, zu erkennen, dass diese Themen noch immer in ihr herumlungern und jetzt kann sie ein bisschen besser aufräumen. Wenn ich im Unterricht oder online mit ihr spreche, werde ich sie fragen, ob sie irgendeine Veränderung in sich oder in ihrem täglichen Leben bemerkt hat. Dieser Traum scheint wichtig für sie zu sein, also könnten wir zu einem anderen Zeitpunkt weitere Charaktere hinsichtlich Einsicht und weiterem Wachstum befragen. Es war verständlich, dass es schwer war für Marcy, die Rolle ihrer Schwester einzunehmen, da sie sie kennt und Gefühle für sie hat.
Marcy zu befragen, hat mich zu der Einsicht geführt, wie schrecklich es ist, seine jüngeren Geschwister zu quälen. So sehr das vielleicht an der Sache vorbeigehen mag, dass ist es, was für mich herausragt aus dem worüber sie sprach und wie sehr sie noch immer unter diesen scheinbar unwichtigen Dingen leidet. Ich habe gelernt, dass es im *Dream Yoga* darum geht, Teile in uns zu nähren, die auch Liebe brauchen! Es geht

nicht darum, alles zu reparieren und zu diesem perfekten Wesen zu werden, sondern darum, allen Teilen Aufmerksamkeit zu schenken, so dass diese Dinge aufhören, sich in unserem Wachleben auszuagieren. So wie ein Kind, das fühlt, dass es gerade keine gebührende Aufmerksamkeit bekommt und so lange unartig ist, bis es bekommt, was es braucht. Mann! Das hilft mir wirklich, meinen Sohn besser zu verstehen. Wenn er ein bisschen unartig wird, kann ich zu ihm gehen und ein bisschen Zeit mit ihm verbringen, nur wir zwei, und dann ist er nicht länger ungezogen! Wenn nur alle Eltern das wüssten!"

„Ich habe gelernt, dass ich meine Zeit verschwende, wenn ich erwarte, jeden kleinen Teil von mir zu perfektionieren. Schon der Glaube, das sei möglich, ist unrealistisch! Aber, wie wir bereits besprochen haben, lerne ich gerade, jeden Teil von mir besser zu nähren. Lasse ihm seine Zeit, auf seine Weise zu mir zu sprechen und mir Botschaften zu senden, so wie er es sollte. Ich glaube, ich habe mehr über Selbstrespekt gelernt. Wie respektvoll ist es, irgendeinen Teil in mir zu ignorieren und anzunehmen, ich müsse ihn ändern oder in Ordnung bringen sobald ich dann mit ihm in Berührung komme? Ich muss mich respektieren, indem ich mir zuhöre, so wie ich mir von anderen wünsche, dass sie meinem erwachenden Selbst zuhören."

„Ich habe gelernt mich daran zu erinnern, dass Menschen gute Dinge in mir sehen, von denen ich weiß, das sie da sind, und ich habe gelernt, an mich selbst zu glauben. Ich denke June hat gelernt, dass sie einige erstaunliche Begabungen hat und Angst hat, sie ans Tageslicht zu bringen und dass sie ein ausgedehntes „Unterstützungskomitee" oder Sangha in sich hat, das ganz bereit ist, ihr durch ihre Angst hindurch zu helfen. Ich sehe sie im Unterricht und wir haben vereinbart, uns zu treffen. Es fiel ihr leicht, in die Rolle hinein zu kommen und in ihr zu bleiben. Ich glaube, sie war sich sehr gewahr darüber, was sie unbewusst tut, um ihre Fähigkeiten in sich zu verstecken, auf Grund einiger heftiger Ängste aus der Vergangenheit. Ich war froh, dass sie sich wohl genug mit mir fühlte, um mir von ihrer Familie und den Dingen, die ihr in ihrer Vergangenheit passiert sind, erzählen zu wollen. Ich mag den einfachen Prozess, der Schritt für Schritt sanft zur Heilung oder Transformation führt. Es ist kein besonders komplizierter Prozess."

„Das war das erste Mal, dass ich Gelegenheit hatte, mit einem Gefühl zu arbeiten - diesem Gefühl von Heiterkeit. Es war auch das erste Mal, dass ich mit jemandem gearbeitet habe, der durch eine Behinderung herausgefordert ist. Don wurde von einem Auto angefahren, als er zwei Jahre alt war, sein linker Arm ist völlig gelähmt und verdreht. Die Erfahrung machte mich demütig und ich fühlte mich geehrt, *Dream Yoga* mit Don zu teilen. Wie wunderschön es ist, zu sehen wie ein Mensch, der sich so gebrochen fühlt, einen Teil in sich entdeckt, der ganz heil ist! Er fand einen Teil seines inneren Selbst, der Beurteilung gegenüber immun ist, ein Teil seiner Seele, der voller Mut und Liebe ist! Dieser Teil von Don hält Begrenzungen für etwas Abstraktes. Ich glaube, das ist etwas, wonach wir uns alle sehnen – wir suchen nach einem Sinn, jenseits von Zeit und Raum. Ich glaube, Don erkannte einen kurzen Moment lang, dass seine Seele nicht sein Körper ist, seine Seele ist kein behinderter Mann, oder ein Liebhaber, oder ein einsamer Vater – er erkannte, dass es einen Teil in ihm gibt, der unendliche

Glückseligkeit ist. Dieses Interview mit Don hat mich wirklich ermutigt, mein Bestes zu geben und weiterhin mit jedem Menschen zu teilen, dem ich begegne. Ich hoffe, dass Don sich für *Dream Yoga* Zeit nimmt. Ich ließ ihn wissen, dass es mir eine Ehre wäre, weiter mit ihm zu arbeiten, wenn er den Wunsch danach hat."

„Meine Studentin erkannte, dass sie von ihrem Vater erwartet, seine Haltung gegenüber dem, was passiert ist, zu verändern und erkannte dann, dass sein Verhalten außerhalb ihrer Kontrolle liegt. Ich habe gelernt, dass, unabhängig davon wie sehr uns die Probleme anderer Familienmitglieder oder Anderer auch ergreifen können, wir sicherstellen müssen, dass wir ihre Probleme nicht übernehmen – fühlen und helfen, aber nicht die Probleme zu unseren machen. Mit jedem Interview lerne ich durch das Befragen der Charaktere, wie wir unser Wachverhalten und unsere Reaktionen auf Situationen zutiefst verstehen können, was uns im Wachleben oft nicht gelingt. Ich habe durch das Interview gelernt, dass ich mir meiner Reaktionen auf die Herausforderungen des Lebens bei mir und anderen bewusster werden und erkennen möchte, wann ich sie übernehme, so dass Probleme nicht mein Leben oder meine Gesundheit beeinträchtigen. Ich habe die Probleme und Herausforderungen der anderen übernommen, als wären es meine eigenen. Tatsache ist, dass ich das manchmal immer noch tue, und ich möchte ein Auge darauf halten."

„Ich glaube, durch das Führen des Interviews habe ich eine Menge darüber gelernt, Menschen zu schätzen als die, die sie sind und nicht dafür, was sie zu bieten haben. Vicki erhielt eine Menge Bestätigung von anderen Teilen ihrer selbst und hat nun eine deutlichere Wahrnehmung für ihre vielen Begabungen. Die Erinnerung dieses Traums schien zu ihrer Wachrealität zu passen. Es sieht so aus, als sei sie der Akzeptanz ihrer vielen und verschiedenen Talente näher gekommen. Jeder Charakter war im Einklang mit ihren Lebensthemen. Ich habe ein tieferes Verständnis für Vickis Kampf mit ihren Talenten gewonnen. Ich habe gelernt, dass *Dream Yoga* ein ganz besonderes Werkzeug zur Selbsterforschung ist. Ich habe gelernt zu sehen, wie weit ich in meinem eigenen Wachstum und meiner Akzeptanz gekommen bin."

Übungen

Was würden Sie gern von Ihrer Seele lernen?

Wie anders wäre Ihr Leben, wenn Sie die Mittel hätten, mit jedem Lebensthema zur gegebenen Zeit im Frieden zu sein?

Schlussbemerkung

Was *Dream Yoga* so wirksam macht, ist seine selbstbestimmte, handlungsorientierte Auffassung der Heilung, Integration und Transformation. Man kann nicht darüber hinauswachsen, solange es Lebensthemen gibt. Als ich den größten Teil dieses Buches beendet habe, am 10. Oktober 2003, war *Dream Yoga* noch in den Kinderschuhen. Ich unterrichte es nunmehr seit sieben Jahren am *Southwest Institute of Healing Arts* in Tempe, Arizona. Davor habe ich fünfzehn Jahre lang mit Klienten gearbeitet und gelegentlich Seminare abgehalten. Vorher arbeitete ich ungefähr sechs Jahre lang allein mit meinen eigenen Träumen. In dieser Zeit entwickelte es sich von einem selbstbestimmten Ansatz, den ich Traum Soziometrie nannte, zu einem soziometrischen Prozess mit anderen Menschen. In den späten achtziger Jahren bis in die frühen neunziger nahm es nach und nach die Gestalt eines spirituellen Wegs an, *Dream Yoga*. Seit den späten neunziger Jahren bis heute, wurde daraus zuerst ein Prozess der Befragung der Traumgruppenmitglieder, und erweiterte sich dann in der Anwendung auf die Befragung weiterer Selbst-Aspekte: Gefühle, Symptome und Ereignisse des Wachlebens. Zurzeit gibt es etwa fünfzig diplomierte *Practitioner*, darunter einige Geistliche, die sich in ihrem Amt darauf spezialisiert haben, *Dream Yoga* zu verbreiten. Bildschirmkonferenzen ermöglichen es Studenten und Graduierten, in Verbindung zu bleiben und ihre Fähigkeiten weiter zu entwickeln. Wir sind dabei, weitere Ausbildungskurse und zusätzliche Weiterbildungen an anderen Orten auszurichten. 2007 beginnt eine Ausbildung zum diplomierten *Dream Yoga Practitioner* in Deutschland. Für die kommenden Jahre planen wir, einer breiteren Öffentlichkeit die Teilnahme an Seminaren und Kursen an unterschiedlichen Orten in der Welt zu ermöglichen. Da *Dream Yoga* so gar nichts Sektiererisches an sich hat, hoffen wir, es allen Menschen, die auf der spirituellen Suche sind, zugänglich zu machen.

Paradise Valley, Phoenix, Arizona im Februar 2007

Anhang I

Ich nehme Zuflucht im Erwachen

Ich nehme Zuflucht und erwache heute zu meinem wahren Wesen: Das Göttliche, das sich durch meine Seele, meine Gedanken und meine Gestalt manifestiert.
So wie ich erwache, bin ich erleuchtet; ich bin Licht.
Ich bin *bodhi*: Mein Geist ist klarer, zentrierter, grenzenloser Himmel.

Ich nehme Zuflucht in den innersten Eigenschaften meiner Seele

Ich nehme Zuflucht in der Bestimmung meiner Seele für dieses kostbare Leben, das mir gegeben worden ist.

Weil meine Seele nicht sterben kann, kennt sie keine Angst. Sie vertraut.
Eins mit meiner Seele, vertraue ich.
Heute wage ich Großartigkeit für das Göttliche.

Sowohl die Liebe als auch ihre Gegensätze, Angst und Wut transzendierend, erbarmt sich meine Seele.
Eins mit meiner Seele, erbarme ich mich.
Heute diene ich anderen selbstlos für das Göttliche.

Sowohl das Wissen als auch die Unwissenheit transzendierend, ist meine Seele weise.
Eins mit meiner Seele, bin ich weise.

Heute erkenne ich und bin bewusst für das Göttliche.

Sowohl Vorlieben als auch Abneigungen transzendierend, nimmt meine Seele ganz und gar an.
Eins mit meiner Seele, nehme ich andere und mich selbst ohne Bedingungen an.
Heute nehme ich die Anwesenheit und den Ausdruck des Göttlichen in allem an.

Sowohl Mühsal als auch Missklang transzendierend, ist meine Seele in Frieden.
Eins mit meiner Seele, bin ich in Frieden.
Heute wähle ich Frieden, in meinen Gedanken und in meinen Worten.

Die Illusion transzendierend, bezeugt meine Seele alles.
Eins mit meiner Seele, beobachte ich leidenschaftslos das Drama meines Lebens.
Heute bezeuge ich mich selbst, wie das Göttliche mich bezeugt.

Ich nehme Zuflucht in meiner spirituellen Gemeinschaft

Ich nehme Zuflucht in meiner spirituellen Gemeinschaft: Jene, die meine Sehnsucht teilen, zu erwachen und ihr Dharma zu leben.
Ich finde Führung und gehe auf in meiner inneren Sangha, jenen Aspekten meiner selbst, die die Bestimmung meiner Seele ausdrücken.
Ich finde Führung in allen anderen, jenen äußeren Ausdrucksformen meiner Beziehung mit dem Göttlichen.

Ich suche anderen zu dienen, denn indem ich das tue, heile ich, finde ich mein Gleichgewicht und verwandele ich mein Leben.

Anhang II

Es gibt mehrere Möglichkeiten, *Dream Yoga* zu erfahren:

Sie können an unseren Bildschirmkonferenzen teilnehmen. Informieren Sie sich unter www.dreamyoga.com.

Sie können sich einem Interview unterziehen unter *Dream Yoga.com* in der Rubrik „Sample Session". Wenn Sie das tun, schicken Sie uns bitte eine Kopie!

Sie können sich selbst befragen, in dem Sie den Interviewanweisungen im Anhang IV folgen.

Sie können jemand anderen befragen, in dem Sie dieselben Anweisungen benutzen.

Sie können einem *Dream Yoga Practitioner* einen Traum erzählen. Sie können einer *Dream Yoga* Sangha beitreten oder sich einen *Practitioner* suchen. Die Interviews können persönlich durchgeführt werden, telefonisch oder online.

Für eine tiefere Erfahrung, in der viele Selbst-Aspekte befragt werden, können Sie den Instruktionen der Traumsoziometrie folgen.

Sie können das Spiel Dream Quest mit Freunden spielen, eine heitere Variante, einige Aspekte des Prozesses zu erleben.

Auf diese genannten Weisen können Sie zwar *Dream Yoga* erleben, um es zu lernen, sind jedoch Kurse erforderlich. Jeder kann sich ans Klavier setzen und sich an den Tönen erfreuen, die es von sich gibt, um Professionalität zu erreichen, sind Unterricht und Übung nötig. Dasselbe gilt für *Dream Yoga*. Seine Prinzipien kann man durch das Studium dieses Buches verstehen, Kompetenz aber entsteht durch die Anwendung dieser Prinzipien auf eine Reihe Ihrer eigenen Träume und Wachereignisse und der Anderer. Beinah jeder, der lesen kann, kann die Interviewtechnik benutzen und an den Ergebnissen seine Freude haben, doch ist diese Arbeit ein *Yoga* und ein *Yoga* ist eine psychospirituelle Disziplin, die Ausdauer und Übung erfordert.

Anhang III

Dream Yoga Zertifikat

Diese Ausbildung umfasst 200 Unterrichtsstunden und führt zum *Dream Yoga Practitioner*. Studenten können in beliebiger Reihenfolge individuelle Kurse belegen. Die Ausbildung ist für alle geeignet, die auf der Suche sind nach:

– einer klareren Richtung in ihrem Leben
– der Heilung der Wunden ihrer Kindheit
– größerem inneren Frieden
– dem passenden Lebenspartner
– innerer Hilfe für körperliche Heilung
– dem Sinn des Leids und des Schmerzes in ihrem Leben
– der Verbesserung ihrer Beziehung zu ihrem Partner oder ihrer Familie
– einem wirksamen Weg, anderen zu helfen

Termine und eine Übersicht aller Kurse finden Sie bitte unter www.dreamyoga.com.

Anhang IV

Dream Yoga Interview Anweisungen

Datum des Interviews :

1. Welches sind die drei grundlegenden Lebensthemen, die Sie zurzeit in Ihrem Leben beschäftigen?

2. Erzählen Sie einen Traum, an den Sie sich erinnern...(oder wählen Sie ein starkes Gefühl oder ein Symptom...)

3. Was glauben Sie: Warum haben Sie diesen Traum geträumt?

4. Wenn dieser Traum in einem Theater spielen würde, welchen Titel hätte das Stück?

5. Hier sind die Charaktere, die Darsteller in diesem Stück:

6. Wenn einer der Charaktere Ihnen etwas besonders Wichtiges mitzuteilen hätte, was wäre das?

7. Charakter, würdest Du mir bitte selbst erzählen, wie Du aussiehst und was Du gerade machst?

8. Was magst Du am liebsten an Dir selbst, jetzt in dieser (Traum-) Situation? Was sind Deine Stärken? Was magst Du gar nicht an Dir? Hast Du Schwächen? Welche?

9. Wenn Du dieses Erlebnis so verändern könntest, wie Du wolltest, würdest Du es verändern? Falls ja, wie würdest Du die Situation verändern?

10. Wenn jene Traum-Erfahrung sich jetzt weiterentwickelt, was würde dann als Nächstes passieren?

11. Charakter: Wenn Du sein könntest, wo immer Du willst und jede Form annehmen könntest, die Du Dir wünschst, würdest Du Dich verändern? Wenn ja, wie?

12. Du bist im Traum dieses Menschen oder in seiner Lebenserfahrung, richtig? Dieser Mensch hat Dich erschaffen, nicht wahr?

13. Charakter, welchen Aspekt dieses Menschen repräsentierst oder verkörperst Du am ehesten?

14. Wo würdest Du Dich auf einer Skala von 0-10 einordnen bezüglich der folgenden Werte:

Vertrauen:

Mitgefühl:

Weisheit:

Akzeptanz:

Innerer Friede:

Zeugenschaft:

15. Charakter, wenn Du in allen Eigenschaften eine 10 hättest, wärst Du dann anders? Wenn ja, wie?

16. Wenn dein Mensch in all diesen Eigenschaften in allen Lebenslagen eine 10 hätte, wäre sein/ihr Leben dann anders? Wie sähe sein/ihr Leben dann aus?

17. Wenn Du das Wachleben Deines Menschen für ihn leben könntest, wie würdest Du es für ihn leben?

18. Wenn Du heute das Wachleben Deines Menschen für ihn leben könntest, würdest Du seine drei grundlegenden Lebensfragen anders beantworten? Wenn ja, wie?

19. Auf welche drei Lebensfragen würdest Du Dich konzentrieren, wenn Du Verantwortung für sein Leben hättest?

20. In welchen Lebenssituationen wäre es am Nützlichsten für Deinen Menschen, sich vorzustellen, er wäre Du und würde so handeln wie Du?

21. Was denkst Du, warum bist Du in diesem Traum, in dieser Lebenserfahrung?

22. Träumer, was haben Sie sich selbst sagen hören?

23. Wenn diese Erfahrung, dieser Traum ein Weckruf Ihrer Seele wäre, was denken Sie, versucht Ihre Seele Ihnen zu sagen?

24. Ich lese Ihnen jetzt die Bemerkungen und Vorschläge Ihrer (Traum-)Charaktere vor:

25. Was können Sie tun, was können Sie verändern, um den Empfehlungen Ihrer Traumcharaktere zu folgen?

Interview eines Selbst-Aspekts

Nehmen Sie eine Wahrnehmung (Knoten im Magen, Kopfweh, Rückenschmerz, etc.)

Oder ein Gefühl (Trauer, Eifersucht, Verwirrung, Wut)

Oder ein Ereignis (einen Kampf, eine Liebesgeschichte, Sorgen um einen Arbeitsplatz, um Geld, um die Zukunft, eine politische Begebenheit, ein organisatorisches Ziel...)

Und fragen Sie:
Wenn diese Wahrnehmung, dieses Gefühl eine Farbe hätte, welche Farbe wäre das?

Stellen Sie sich vor, wie diese Farbe den Raum vor Ihnen ausfüllt, so dass sie Tiefe, Höhe und Breite hat.

Jetzt stellen Sie sich vor, wie sich diese ausgebreitete Farbe zusammen zieht und Gestalt annimmt. Welche Form nimmt sie an? Die eines Tieres? Eines Menschen? Eines Gegenstandes? Einer Pflanze? Etwas anderes?

Fahren Sie mit dem Prozess und den *Dream Yoga* Interview Anweisungen fort und beginnen Sie mit der Frage: Würdest Du mir bitte erzählen, wie Du aussiehst und was Du gerade machst?